简明法语语法

主　编　刘成富
副主编　解　薇　桂　丽
编　者　刘成富　解　薇　桂　丽
　　　　鲁　丽　居　悦　胡园园
　　　　解　华

图书在版编目(CIP)数据

简明法语语法/刘成富主编. —北京:北京大学出版社,2010.7
(法语语法系列)
ISBN 978-7-301-17185-1

Ⅰ. 简… Ⅱ. 刘… Ⅲ. 法语－语法 Ⅳ. H324

中国版本图书馆 CIP 数据核字(2010)第 080673 号

书　　　名：简明法语语法
著作责任者：刘成富　主编
责 任 编 辑：初艳红
标 准 书 号：ISBN 978-7-301-17185-1/H·2503
出 版 发 行：北京大学出版社
地　　　址：北京市海淀区成府路 205 号　100871
网　　　址：http://www.pup.cn
电 子 邮 箱：alice1979pku@163.com
电　　　话：邮购部 62752015　发行部 62750672　编辑部 62765014
　　　　　　出版部 62754962
印 刷 者：世界知识印刷厂
经 销 者：新华书店
　　　　　　650 毫米×980 毫米　16 开本　15 印张　260 千字
　　　　　　2010 年 7 月第 1 版　2012 年 2 月第 2 次印刷
定　　　价：29.00 元

未经许可,不得以任何方式复制或抄袭本书之部分或全部内容。
版权所有,侵权必究　举报电话：010－62752024
　　　　　　　　　　电子邮箱：fd@pup.pku.edu.cn

主编简介

刘成富,著名法语专家,1962年1月生于江苏扬州,1994年毕业于巴黎第七大学,获博士学位。现任南京大学外国语学院法语系主任、教授、博士生导师,发表学术论文80余篇,出版《法国国情阅读》(中级)、《法语阅读理解》(共8卷)、《法语笔译实务》、《法语听力入门》、《法语TEF仿真题精解》、《法语TCF试题精解》、《法语听力450题》、法汉对照读物《法语心灵鸡汤·生活的艺术》、《法语心灵鸡汤·枯叶的天堂》以及《法语》等11部教材,出版《20世纪哲学与哲学家》、《章鱼的眼睛》、《食墙的白蚁》、《消费社会》、《逆流河》、《大雨大雨一直下》等译著38部。代表性论著为《20世纪法国"反文学"研究》。多次承担省部级社科项目并获奖。2006年,入选教育部新世纪人才。

前　言

　　近年来,随着我国经济的快速发展和对外交流的不断扩大,学习法语的人数与日俱增,特别是法国原版教材的引进和使用,编写一部与时俱进的语法书也就成了刻不容缓的大事。在北京大学出版社的大力支持下,我们编写小组日夜奋战,有针对性地为广大读者编写了这部《简明法语语法》。

　　我们的编写原则是,简明扼要地梳理实用的法语语法,让读者能够在较短的时间内熟悉和掌握,尤其是牢牢地掌握其重点、难点和疑点,以便顺利地通过各类法语考试。在编写的过程中,根据 TCF 的测试要点、法语四级和八级考试的语法要求、研究生入学考试中最常见的考查内容,并结合传统语法教材的编写原则以及中国读者特有的思维模式,我们采用由浅入深、由表及里的方法,提纲挈领地论述了法语语法:词法和句法。希望广大读者通过典型例句的列举,能够熟能生巧,触类旁通,灵活自如地驾驭看似繁杂的法语语法,不仅知其然,而且知其所以然,从真正意义上走进美丽而浪漫的法语王国。

　　应该承认,法语与汉语之间的差异是巨大的,但这种差异正是法语的魅力之所在。相对于其他语种,法语被视为"浪漫的语言"、"高雅的语言"、"情人的语言"、"严谨的语言"、"语速最快的语言"等,总之,法语被看成了"阳春白雪",有"曲高和寡"之嫌。因其魅力而倾倒者有之,因其严谨而生畏者也有之。就其严谨性而言,法语名词不仅有阴阳性、单复数、可数与不可数之分,而且有普通名词、专有名词、复合名词之区别。法语的动词变位则更加复杂,犹如变形金刚,时态和语式令人眼花缭乱。

　　《简明法语语法》的主要内容由词法和句法构成。词法部分共 10 章,主要强调了名词、冠词、品质形容词、限定形容词、数词、代词、动词、副词、介词和连词的用法;句法部分共 6 章,重点介绍了句子的成分、句子的种类、名词性从句、关系从句、副词性从句以及直接引语和间接引语。根据不同章节的内容,我们力求理论联系实际,化繁为简,循序渐进,点面结合,在系统介绍基本规则的同时,侧重 TCF、法语等级考试、研究生入学考试等的必考语法知识点,通过比较分析，并适当配备图表和"注意"、"不能说"、"不宜说"等提示，尽量使编写内容通俗易懂，易于掌握。为了贴近生活、贴近时代，我们还刻意使用了一些与时事相关的词汇和例句。南京乐训苏索外语培训中心试用了该教材，收效十分明显，许多考生在 TCF 考试的语法部分得了满分。

  在编写的过程中，我们参照了《全新法语语法》、《法语现代语法》以及《法语实用语法》等国内外具有重要影响的法语语法书，适当吸收了其编写理念和编写手法，希望集各家之长，能够最大限度地满足广大法语学习者的需要，尤其满足考研和赴法留学人员的需要。

刘成富

2010 年 6 月于南京

目　录

前言 ·· 1

第一部分　词　法

第一章　名词 ·· 3
　　第一节　名词的性 ··· 3
　　第二节　名词的数 ··· 5
第二章　冠词 ·· 9
　　第一节　冠词的种类 ·· 9
　　第二节　不定冠词 ··· 9
　　第三节　定冠词 ··· 10
　　第四节　部分冠词 ·· 13
　　第五节　冠词的省略和替代 ·· 14
第三章　品质形容词 ·· 17
　　第一节　形容词的性 ·· 17
　　第二节　形容词的数 ·· 19
　　第三节　形容词的位置与配合 ·· 20
　　第四节　形容词的比较级和最高级 ·································· 24
第四章　限定形容词 ·· 29
　　第一节　指示形容词 ·· 29
　　第二节　主有形容词 ·· 30
　　第三节　泛指形容词 ·· 32
　　第四节　疑问形容词和感叹形容词 ·································· 35
第五章　数词 ·· 37
第六章　代词 ·· 42
　　第一节　人称代词 ·· 42
　　第二节　副代词 ··· 48
　　第三节　指示代词 ·· 52
　　第四节　主有代词 ·· 54

- 第五节 关系代词 …… 55
- 第六节 疑问代词 …… 60
- 第七节 泛指代词 …… 63
- 第七章 动词 …… 71
  - 第一节 动词的种类 …… 71
  - 第二节 动词的语态 …… 76
  - 第三节 动词变位 …… 78
  - 第四节 直陈式 …… 90
  - 第五节 命令式 …… 104
  - 第六节 条件式 …… 106
  - 第七节 虚拟式 …… 108
  - 第八节 不定式 …… 115
  - 第九节 分词式 …… 117
- 第八章 副词 …… 123
  - 第一节 副词的形式 …… 123
  - 第二节 副词的种类 …… 125
  - 第三节 副词的比较级和最高级 …… 129
- 第九章 介词 …… 132
  - 第一节 介词的形式 …… 132
  - 第二节 介词的用法 …… 132
  - 第三节 常见介词的用法 …… 134
- 第十章 连词 …… 142
  - 第一节 并列连词 …… 142
  - 第二节 从属连词 …… 143

第二部分 句 法

- 第一章 句子的成分 …… 149
  - 第一节 主语 …… 149
  - 第二节 谓语 …… 152
  - 第三节 谓语与主语的配合 …… 155
  - 第四节 宾语 …… 157
- 第二章 句子的种类 …… 161
  - 第一节 疑问句 …… 161
  - 第二节 否定句 …… 165

第三节　感叹句 ································· 169
　　第四节　强调句 ································· 171
第三章　名词性从句 ································ 179
　　第一节　名词性从句的构成 ······················· 179
　　第二节　直陈式名词性从句 ······················· 180
　　第三节　虚拟式名词性从句 ······················· 182
第四章　关系从句(形容词性从句) ··················· 189
　　第一节　关系从句的构成 ························· 189
　　第二节　关系从句的语式 ························· 191
第五章　副词性从句 ································ 193
　　第一节　原因从句 ······························· 193
　　第二节　后果从句 ······························· 197
　　第三节　目的从句 ······························· 201
　　第四节　时间从句 ······························· 203
　　第五节　让步从句 ······························· 208
　　第六节　条件从句 ······························· 212
　　第七节　比较从句 ······························· 215
　　第八节　绝对分词从句 ··························· 217
第六章　直接引语和间接引语 ························ 220
　　第一节　直接引语、间接引语与自由间接引语 ······· 220
　　第二节　直接引语转换为间接引语 ················· 222
　　第三节　直接问语转换为间接问语 ················· 225

第一部分 词 法

第一章　名　词

　　名词是用以表达人、物或某种概念的实词。法语的名词不同于英语的名词，除了有单复数的区别之外，还有阴性、阳性之分，如：un livre（书），un bureau（办公室）属阳性；une revue（杂志），une classe（班级）则属阴性。法语的名词前一般要加限定词，限定词包括冠词、形容词（形容词包括主有形容词、指示形容词、泛指形容词、疑问形容词和感叹形容词）和数词。除数词之外，冠词和形容词必须与所修饰的名词性、数相一致，如：un amant（情人），une amie（女朋友），ce verre（这个杯子），mon père（我的父亲），une nouvelle revue（一本新杂志）。

第一节　名词的性

一、名词的阴阳性

1. 表示人和动物的名词

在法语名词中，人和动物一般以性别分为阴性或阳性，表示男的、公的、雄的为阳性，表示女的、母的、雌的则指阴性。如：

un homme 男人	une femme 女人
un acteur 男演员	une actrice 女演员
un fils 儿子	une fille 女儿
un chanteur 男歌手	une chanteuse 女歌手
un chien 公狗	une chienne 母狗
un loup 公狼	une louve 母狼
un rat 雄鼠	une rate 雌鼠
un lion 雄狮	une lionne 母狮

2. 其他名词

除人和动物以外的名词，一般不能从逻辑上判断其阴阳性，如：la finance（金融）、la crise（危机）、la bourse（证券市场）、la foire（博览会）、le test（测试）、

la grippe(流感)、le visa(签证)。这些词必须经过反复练习才能达到记忆效果,通常,以-e结尾的单词绝大多数是阴性,反之不是以-e结尾的单词绝大多数是阳性。学习的时间长了,也能发现一些规律,例如:

1)几乎所有的外来词都是阳性形式,如:

un shampoing(香波,洗发水)   un hamburger(汉堡包)

2)几乎所有以-ment结尾的单词都是阳性(jument除外),如:

un département(部门,省)   un instrument(工具)

3)除了le bastion(棱堡)之外,所有以-tion,-stion或-sion结尾的单词都为阴性,如:

une nation(国家)   une question(问题)   une fusion(融合)

二、阴性名词的构成

法语中只有指人或动物的名词才涉及阴性名词的构成问题。阳性名词转换为阴性名词,主要遵循下列规则:

1. 一般情况下,只需要在阳性名词后加字母e即可构成相应的阴性名词,如:

ami(男朋友)   ⇒   amie(女朋友)
candidat(男候选人)   ⇒   candidate(女候选人)

2. 以e结尾的阳性名词,阴性形式没有变化,如:

un camarade(男同志)   ⇒   une camarade(女同志)
un artiste(男艺术家)   ⇒   une artiste(女艺术家)

3. 某些特殊形式的名词,其阴性形式的构成如下表:

阳性词尾	阴性词尾	例词
-f	-ve	maladif 男病人 ⇒maladive 女病人
-er	-ère	romancier 男小说家 ⇒romancière 女小说家
-teur	-teuse	chanteur 男歌手 ⇒chanteuse 女歌手
	-trice	acteur 男演员 ⇒actrice 女演员
-eur	-euse	danseur 男舞蹈家 ⇒danseuse 女舞蹈家
	-eresse	défendeur 男被告 ⇒défenderesse 女被告

-c	-que	Turc 土耳其男人 ⇒Turque 土耳其女人
-on/en	-onne/enne	espion 男间谍 ⇒espionne 女间谍 musicien 男音乐家 ⇒musicienne 女音乐家
-el	-elle	colonel 上校 ⇒colonelle 上校夫人
-et	-ette	muet 男哑巴 ⇒muette 女哑巴
-ou	-olle	fou 男疯子 ⇒folle 女疯子
-x	-se	jaloux 男嫉妒者 ⇒jalouse 女嫉妒者
-eau	-elle	chameau 公骆驼 ⇒chamelle 母骆驼

注意：

1) 由于社会历史发展的原因，一些表示职业的名词没有相应的阴性形式，可以在阳性名词前加 femme 一词，如：

un peintre(男画家) ⇒ une femme peintre(女画家)
un professeur(男老师) ⇒ une femme professeur(女老师)
un médecin(医生) ⇒ une femme médecin(女医生)
un ingénieur(工程师) ⇒ une femme ingénieur(女工程师)

2) 有些动物只有阴性或阳性形式，如必须进一步确指，可在这些名词后加 mâle(雄性的)或 femelle(雌性的)，如：

un serpent(蛇) ⇒un serpent mâle(公蛇) ⇒une serpent femelle(母蛇)
une hirondelle(燕子) ⇒ une hirondelle mâle(雄燕) ⇒une hirondelle femelle(雌燕)

第二节 名词的数

名词分单数和复数，复数形式非常复杂。只有可数名词才有单复数之分，不可数名词一般只有一种形式，或为单数，或为复数。

一、普通名词的复数

1. 普通名词变复数一般在词尾加-s 即可，如：

une table ⇒ des tables(桌子)
un lac ⇒ des lacs(湖)

2. 如果普通名词的词尾为-s，-z，-x，变复数的时候形式不变，如：

un cours ⇒ des cours(课)
un nez ⇒ des nez(鼻子)
une voix ⇒ des voix(声音)

3. 以-al 结尾的普通名词变复数,以-aux 代替-al,如:

un journal ⇒ des journaux(报纸)
un cheval ⇒ des chevaux(马)

注意:以-al 结尾的名词也有例外,如:
un bal(舞会), un carnaval(狂欢节), un festival(嘉年华), un chacal(豺狼), un régal(佳肴)等,这些名词变复数时,直接在词尾加-s 即可。

4. 以-eau, -au, -eu 结尾的普通名词变复数时,在词尾加-x,如:

un bateau ⇒ des bateaux(船)
un cheveu ⇒ des cheveux(头发)
un noyau ⇒ des noyaux(核)

注意:以-eau, -au, -eu 结尾的名词也有例外,如:
un pneu(轮胎), un sarrau(工作罩衫), un bleu(蓝色工服), un landau(有篷推车)等,这些名词变复数时,直接在词尾加-s 即可。

5. 以-ou 结尾的名词变复数时,直接在词尾加-s 即可,如:

un cou ⇒ des cous(脖子)
un clou ⇒ des clous(钉子)

注意:这类名词有一些例外:
un bijou(首饰), un caillou(石子), un chou(卷心菜), un genou(膝盖), un hibou(猫头鹰), un joujou(玩具), un pou(虱子),这些名词变复数时,必须在词尾加-x。

6. 以-ail 结尾的名词变复数时,一般在词尾加-s,如:

un détail ⇒ des détails(细节)
un ail ⇒ des ails(大蒜)

注意:这类名词也有一些例外:
un bail(租约), un corail(珊瑚), un soupirail(气孔), un travail(工作), un vantail(门扇), un émail(釉), un vitrail(彩绘玻璃),这些名词变复数时,必须以-aux 代替-ail。

二、复合名词的复数

1. 作为一个独立词的复合名词,它的复数形式和普通名词的复数形式一样,如:

un gendarme ⇒ des gendarmes(宪兵)
un passeport ⇒ des passeports(护照)

但少数词有特殊的复数形式,如:

un monsieur ⇒ des messieurs(先生)
une madame ⇒ des mesdames(夫人)
une mademoiselle ⇒ des mesdemoiselles(小姐)
un bonhomme ⇒ des bonshommes(好人)

2. 由连字符连接的复合名词有多种复数形式:
1) 形容词+名词的形式,形容词和名词都要变成复数,如:

une belle-mère ⇒ des belles-mères(岳母)
une petite-fille ⇒ des petites-filles(孙女)

注意:由形容词 grand+名词构成的复合名词,如果名词为阳性,则 grand 应变为复数,如:

un grand-père ⇒ des grands-pères(祖父)

如果名词为阴性,则 grand 可变为复数也可不变,如:

une grand-mère ⇒ des grand(s)-mères(祖母)

只有一个词例外,一定变为复数,即:

une grande-duchesse ⇒ des grandes-duchesses(大公爵夫人)

2) 形容词+形容词/过去分词的形式,两个形容词都要变为复数,如:

un sourd-muet ⇒ des sourds-muets(聋哑人)

注意:un nouveau-né 除外,它的复数形式为 des nouveau-nés(新生儿)。

3) 名词+名词的形式,两个名词都要变成复数,如:

une porte-fenêtre ⇒ des portes-fenêtres(落地窗)
un chou-fleur ⇒ des choux-fleurs(花菜)

4) 名词+名词补语的形式,只需要把名词变为复数即可,如:

un chef-d'œuvre ⇒ des chefs-d'œuvre(杰作)

une eau-de-vie   ⇒   des eaux-de-vie(烧酒)
un timbre-poste   ⇒   des timbres-poste(邮票)

注意：un tête-à-tête(会面)除外，该名词变为复数时，形式保持不变。

5) 不变词形（如介词等）＋名词的形式，只需要把其中的名词变为复数即可，如：

un avant-projet   ⇒   des avant-projets(草图)
un en-tête   ⇒   des en-têtes(笺头)

6) 动词＋动词/代词/副词的形式，复数形式不变，如：

un va-et-vient   ⇒   des va-et-vient(来来往往)
un aller-et-retour ⇒   des aller-et-retour(往返票)
un laissez-passer ⇒   des laissez-passer(通行证)
un rendez-vous   ⇒   des rendez-vous(约会)
un passe-partout   ⇒   des passe-partout(万能钥匙)

7) 动词＋名词宾语的形式，单复数形式相同，如：

un gratte-ciel   ⇒   des gratte-ciel(摩天大楼)
un abat-jour   ⇒   des abat-jour(灯罩)
un porte-monnaie ⇒   des porte-monnaie(零钱包)
un lave-vaisselle ⇒   des lave-vaisselle(洗碗机)

注意：少数这类合成词变复数时，必须把名词宾语变成复数，如：

un chauffe-bain   ⇒   des chauffe-bains(热水器)
un tire-bouchon   ⇒   des tire-bouchons(瓶撬)

某些名词的性数和配合等还有特殊情形：

- cet après-midi 也可以说成 cette après-midi，因为该名词可以是阴性，也可以是阳性。
- "好几个人"不能说成：plusieurs gens（×），而应说：plusieurs personnes(√)，因为 gens 是不可数名词。
- "老人"不能说成：vieux gens（×），而应说：vieilles gens(√)，因为 gens 在被修饰的时候，形容词在其前面用阴性形式，在其后用阳性形式。

第二章 冠　词

第一节　冠词的种类

法语的冠词分为三类：不定冠词、定冠词和部分冠词。冠词有单复数的区别，在单数形式中又有阴阳性的区别，复数则不分阴阳性。

冠词形式如下：

冠词	单数		复数
	阳性	阴性	
不定冠词	un	une	des
定冠词	le (l')	la (l')	les
部分冠词	du (de l')	de la (de l')	des

注意：缩合形式 l' 和 de l' 只用在元音或哑音 h 开头的名词前，如：

l'ami(男朋友)，l'amie(女朋友)；de l'encouragement(勇气)

在嘘音开头的名词前不缩合，如：

le héros(英雄)，la haie(篱笆)

第二节　不定冠词

一、不定冠词 un, une, des 用来表示不确指的名词，换句话说，就是第一次被提及的、不被限定的名词，如：

- Il y a **un** livre sur la table. 桌子上有一本书。
- Quel paysage! **des** fleurs，**des** oiseaux!
  风景真美！有花儿,还有鸟儿！
- Ces dernières années, il y a **des** étudiants de tous les pays du monde qui passent au TCF.
  近年来,参加法语知识测试的有来自世界各地的学生。

二、不定冠词表示总体的一部分，如：

- L'orange, la pomme et le raisin sont **des** fruits.
  橙子、苹果和葡萄都是水果。
- *ELLE* est **une** revue. *ELLE* 是本杂志。

三、不定冠词有泛指形容词 quelque, certain 的作用，如：

- **Une** minute! 等一下！
- Avez-vous **un** mot à dire? 您有什么话要说吗？

四、名词后面虽然有修饰成分（如形容词或起形容词作用的补语），但如果不起限定作用，则仍使用不定冠词，如：

- C'est l'heure de déjeuner. J'ai **une** faim de loup!
  吃午饭了，我饿死啦！
- Anne est **une** petite fille. Sa famille l'aime beaucoup.
  安娜是个小女孩，全家都非常喜欢她。
- Tout le monde maintient **un** respect profond pour le premier ministre. 所有人都对总理怀有深深的敬意。

五、不定冠词可以起到泛指形容词 n'importe quel, tout 的作用，如：

- **Une** femme aspire à obtenir autant de droit qu'**un** homme.
  每位妇女都希望享有与男人同样的权利。
- **Un** homme est mortel. 每个人都是要死的。

六、不定冠词用在人名之前，有时指这个人的作品，有时表示一种情感，如：

- Ils aiment bien **des** Balzac. 他们很喜欢巴尔扎克的作品。
- Oh là là! J'ai affaire à **un** tartuffe pendant si longtemps!
  哎呀呀，我这么久以来都在跟一个伪君子打交道呀！

第三节　定冠词

一、定冠词 le, la, les 用在确指的名词前。确指的名词是指前面提到过的、后面被限定的名词，或者是双方心照不宣的有关名词，如：

- Répétez **la** phrase que vous avez dite. 把您刚才说的话重复一下。
- J'ai une idée. **L'**idée est acceptée par tout le monde. 我有个想法。这个想法得到了大家的赞同。

- **L'**enfant est allé à **l'**école. 孩子已经去学校了。
- **Les** survivants du Tremblement de terre du 12 mai 2008 à Wenchuan commencent leur nouvelle vie.
  2008 年 5•12 汶川大地震的生还者开始了新的生活。

二、定冠词单数形式含有概括意义，可以以一概全，指某一类事物的整体，如：

- Je n'aime pas **la** grammaire. 我不喜欢语法。
- Je préfère **le** thé **au** café. 比起咖啡来，我更喜欢茶。

三、定冠词指世界上独一无二的事物，如：

- **Le** Soleil se lève tous les matins. 太阳每天早晨都会升起。
- **La** Chine est ma patrie. 中国是我的祖国。

注意：这类名词如另有修饰成分，则可以不用定冠词，如：

un ciel bleu(蓝天)　　　**un** ciel sans nuages(万里无云的天空)

四、在最高级形容词所修饰的名词前，必须使用定冠词，如：

- Il est **le** plus petit de cette classe. 他是班级里最矮小的人。
- C'est **le** jour **le** plus heureux de ma vie. 这是我生命中最幸福的一天。

五、定冠词也可以起到指示代词的作用，如：

- Elle aura dix ans **le** 15 du mois. 到这个月15号，她就满10岁了。
- **Le** jour où commencent les Jeux olympiques de Pékin il regarde la télé toute la journée. 北京奥运会开幕的那一天，他看了一整天的电视。

六、定冠词也可以起主有形容词的作用，用以限定表示身体部位或某种体能的名词，如：

- Lavez-vous **les** mains avant le dîner. 饭前要洗手。
- Après un accident, il a perdu **la** mémoire.
  在一场交通事故之后，他丧失了记忆。

七、定冠词可以起泛指形容词 **chaque** 的作用，如：

- Ça coûte cinq euros **le** kilo. 每公斤5欧元。
- **Le** matin, avant mon cours de français, je mange des croissants.
  每天早晨上法语课之前，我都吃羊角面包。
- Cette voiture roule à 60 kilomètres à **l'**heure.

这辆汽车以每小时60公里的速度行驶。

八、定冠词可用于人名前,指这个人的家族或作品,也可以表示对该人的尊敬或蔑视。在这些情况下,定冠词必须使用复数形式,人名一般使用单数形式,如:

les Thibault(蒂波一家)　　　les Hugo(雨果的作品)
les Lu Xun(鲁迅一类的人)　　les Pétain(贝当一类的人)

九、人名和城市名前一般不加冠词,如果这些名词带有起限定或修饰作用的形容词或补语时,则要加定冠词,如:

Paris(巴黎)　　　　　　le Paris d'hier(昨日巴黎)
de Gaule(戴高乐)　　　le grand de Gaule(伟大的戴高乐)
Sarkozy(萨科齐)　　　　le Sarkozy d'aujourd'hui(今日的萨科齐)

十、洲名、国名、省名、海洋名、河名、山名、岛屿名之前必须使用定冠词,如:

la France(法国)　　　　l'Afrique(非洲)
la Loire(卢瓦尔河)　　　le Yangtsé(长江)
la Corse(科西嘉岛)　　　le Pacifique(太平洋)
la Seine(塞纳河)　　　　la Normandie(诺曼底)

注意:

1)定冠词 le, les 在介词 à, de 之后必须进行缩合,得到相应的缩合冠词形式。

à+le=au	à+les=aux
de+le=du	de+les=des

如:

aller **au** travail(去工作)　　　aller **aux** États-Unis(去美国)
le livre **du** professeur(老师的书)　　la photo **des** amis(朋友的照片)

• Les plus âgés s'occupent **des** plus jeunes. 最年老的负责照顾最年少的。

省音形式的定冠词 l' 以及阴性定冠词 la 不能跟介词 à, de 进行缩合,如:

aller **à la** bibliothèque(去图书馆)　　aller **à l'** école(去上学)

2)国名前的介词

阴性国名前使用介词 en,并省略冠词;阳性国名前使用介词 à,且必须与定冠词缩合,如:

aller **au** Canada(去加拿大)   rentrer **en** France(回法国)

表示"从某个国家来",则使用介词 de,阳性国名前必须加定冠词,而阴性国名前则省略定冠词,如:

venir **des** États-Unis(来自于美国)   venir **de** Chine(来自于中国)

国名前的介词如果是 par,pour,vers 时,国名前都必须带有定冠词,如:

partir pour **la** Suisse(出发去瑞士)
passer par **les** Philippines(经过菲律宾)
voler vers **le** Canada(坐飞机去加拿大)

2) 泛指某个国家或地区的人的时候,用复数定冠词 les,如:

- En 2010, **les** Chinois vont organiser la Foire internationale aussi. 2010 年,中国人也要举办世界博览会。
- **Les** Brésiliens parlent portugais. 巴西人讲葡萄牙语。
- **Les** Nankinois aiment bien les monuments historiques de la dynastie des Ming. 南京人十分喜欢明朝古迹。

第四节　部分冠词

部分冠词,顾名思义,用于表示不确指的名词,这种名词往往是无法计数的,只能表示一部分。

一、用在不确指的不可数名词前,如:

- Pour le petit déjeuner, je mange **du** pain et bois **du** lait. 我的早餐是面包和牛奶。
- Fanny aime bien faire **du** sport. 法妮非常喜欢做运动。

二、用在不确指的抽象名词前,如:

- Il a **du** courage. 他很有勇气。
- Tu as **de la** patience. 你有耐心。

三、用在文学家、艺术家名字前,表示其作品或风格,如:

- Il joue **du** Chopin. 他演奏肖邦的作品。
- Son œuvre est à peu près **du** Proust. 他的作品近似于普鲁斯特的文风。

四、部分冠词用在动物名词前,表示该动物的肉,试比较:

beaucoup de bœufs(许多头牛)　　prendre **du** bœuf(吃牛肉)
un poulet(一只鸡)　　　　　　　manger **du** poulet(吃鸡肉)

五、表示天气,如:

- Il fait **du** vent. 刮风了。
- Il fait **du** brouillard. 起雾了。

注意:表示演奏某种乐器或进行某项运动,可以用动词 faire 和 jouer 来表示。但这两个动词后所接名词带有的冠词却不一样,区别如下:

动词	运动	乐器
faire	faire+部分冠词+名词	faire+部分冠词+名词
faire	faire **du** ski(滑雪) faire **de la** natation(游泳) faire **du** tennis(打网球)	faire **de la** flûte(吹长笛) faire **du** piano(弹钢琴) faire **du** violon(拉小提琴)
jouer	jouer+à+定冠词+名词	jouer+de+定冠词+名词
jouer	jouer **au** ski(滑雪) jouer **à la** natation(游泳) jouer **au** tennis(打网球)	jouer **de la** flûte(吹长笛) jouer **du** piano(弹钢琴) jouer **du** violon(拉小提琴)

第五节　冠词的省略和替代

一、冠词的省略

1. 名词作为同位语或进行列举时,冠词可以保留,也可以省略,如:

- Beijing, capitale de la Chine se développe bien vite.
  中国的首都北京发展得很快。
- Hommes, femmes, enfants et vieux, ils sont tous venus ici.
  男女老少都来到这儿。

2. 名词做表语表示身份、地位时,冠词必须省略,如:

- Je suis professeur. 我是老师。

注意:当指示代词 ce 做主语时,冠词不能省略,试比较:

- Il est ingénieur. 他是工程师。
- C'est **un** ingénieur. 这是一名工程师。

3. 在固定搭配和习惯用法中，如：

prendre soin de(关心)　　avoir peur(害怕)　　avoir faim(饥饿)

- Œil pour œil, dent pour dent. 以眼还眼，以牙还牙。
- Pas à pas, on va loin. 千里之行，始于足下。

4. 名词用于书名、路名和招贴语时，可以省略冠词，如：

- Il habite rue de Sèvres. 他住在塞弗尔街。
- Il est en train de lire *Panorama de France*. 他正在读《法国概况》。
- Défense de passer! 禁止通行！

5. 名词作为名词补语或与介词组成副词短语时，省略冠词，如：

- le chemin de fer(铁路)　　　　à bras ouverts(张开双臂)
- l'usine d'acier(钢厂)　　　　à mi-chemin(在半路上)
- la table en bois(木桌)　　　　de tout coeur(全心全意)

二、冠词的替代

1. 在完全否定句中，直接宾语前的不定冠词或部分冠词被 de 取代，如：

- Il n'achète pas **de** pain. 他不买面包。
- Il n'y a pas **de** garçons dans cette classe. 在这个班上没有男生。

注意：这种情况必须同时满足三个条件：
1) 否定句　　2) 直接宾语　　3) 不定冠词或部分冠词

试判断下面这个例句：

- Ce sont **des** livres. 这些是书。

其否定形式应为：

- Ce ne sont pas **des** livres. 这些不是书。

这里的不定冠词没有用 de 代替，因为 des livres 在句中作表语，而非直接宾语。

2. 表示数量的名词或副词后面，以介词 de 代替冠词，如：

beaucoup **de** livres(许多书)　　　un peu **de** livres(一些书)
peu **de** livres(几乎没有书)　　　assez **de** livres(足够的书)
un verre **d'**eau(一杯水)　　　　une tasse **de** thé(一杯茶)

un pot **de** fromage(一罐奶酪)

注意：la plupart 和 bien 例外，后面的冠词不能用 de 代替，如：

la plupart **des** livres(大多数的书)　　　　bien **des** gens(很多人)

3. 如果复数名词前有复数形容词修饰，则用介词 de 代替 des，如：

- Il y a **de** grands personnages dans le salon.
  在沙龙里聚集了一些大人物。

但是，在日常生活中，仍然倾向于用 des，例如：

J'ai eu des bonnes notes au TCF. 我的法语考试成绩很好。

不能说：le Cuba(×)而应说：Cuba(√)因为少数专有名词不用冠词。

不能说：Le juillet est le mois le plus chaud.(×)而应说：Juillet est le mois le plus chaud.(√)因为月份不用冠词。

第三章　品质形容词

　　法语的形容词可分为品质形容词和限定形容词,前者用于修饰,后者用于限定。品质形容词大概有以下几类:

　　有些形容词由来已久,如:grand(大), petit(小), long(长)等。这些形容词应当和所修饰的名词性数一致,如:un grand arbre(大树), un long chemin(很长的路), de petites filles(小女孩们)。

　　动词的分词形式也可以用作形容词,有些甚至已经彻底转变成形容词,如:intéressant(有趣的), cassé(碎了的)等。这些词必须和所修饰名词的性数保持一致,如:une fleur fanée(凋零的花), un livre intéressant(有趣的书)。

　　有些形容词是从名词(大多数是表示颜色)或副词借来的,如:marron(栗色), orange(橙色), rose(玫瑰色)等。这类形容词无性数变化,如:les yeux marron(栗色的眼睛), une idée pas mal(不错的主意)。

第一节　形容词的性

　　形容词和名词一样,也有阴阳性和单复数的区别,一般必须与所修饰名词的性数保持一致。阴性形容词的构成方式与名词相似,主要遵循以下规则:

一、一般情况下,在阳性单数形容词词尾加字母-e,即变为阴性单数形容词,如:

　　grand　⇒　grande(大的)　　petit　⇒　petite(小的)
　　haut　⇒　haute(高的)　　　court　⇒　courte(短的)

二、如果形容词本来以-e 结尾,阴性形式与阳性形式相同,如:

　　facile(简单的), difficile(难的), utile(有用的), inutile(无用的)

三、特殊的形容词变成阴性,必须改动词尾,规则如下:

阳性词尾	阴性词尾	例词
-gu	-guë	aigu ⇒ aiguë 尖锐的
-f	-ve	vif ⇒ vive 生动的
-el -ul -il	-elle -ulle -ille	mutuel ⇒ mutuelle 相互的 nul ⇒ nulle 毫无用处的 pareil ⇒ pareille 相同的
-en -on	-enne -onne	ancien ⇒ ancienne 古老的 bon ⇒ bonne 优秀的
-an	-ane -anne(少数)	persan ⇒ persane 波斯的 paysan ⇒ paysanne 农民的
-et	-ette -ète(少数)	muet ⇒ muette 哑的 complet ⇒ complète 完整的 除此之外,还有 incomplet, concret, discret, inquiet, secret 等词汇
-ot	-ote -otte(少数)	idiot ⇒ idiote 愚蠢的 sot ⇒ sotte 愚蠢的 除此之外,还有 maigriot, pâlot, vieillot 等词汇
-x	-se -sse(少数)	joyeux ⇒ joyeuse 快乐的 faux ⇒ fausse 虚假的 除此之外,还有 roux 等词汇
-c	-que -che(少数)	public ⇒ publique 公共的 blanc ⇒ blanche 白色的 除此之外,还有 sec, franc 等词汇
-er	-ère	dernier ⇒ dernière 最后的,最近的
-teur	-trice	révélateur ⇒ révélatrice 显露的
-eux -oux -eur	-euse -ouse -euse -eure(少数)	boiteux ⇒ boiteuse 跛腿的 jaloux ⇒ jalouse 嫉妒的 trompeur ⇒ trompeuse 欺骗的 meilleur ⇒ meilleure 较好的 除此之外,还有 antérieur, supérieur, inférieur, majeur, postérieur 等词汇

注意：

1）除了规则的变化之外，还有一部分形容词变成阴性没有规律，需要特别记忆，如：

frais ⇒fraîche   doux ⇒douce
long ⇒longue   malin ⇒maligne
maître ⇒maîtresse   vengeur ⇒vengeresse
grec ⇒grecque

2）某些形容词除了有阳性和阴性之分外，还有特殊形式：

阳性		阴性
用在以辅音字母或嘘音字母 h 开头的名词前	用在以元音字母或哑音字母 h 开头的名词前	
beau 好的	bel	belle
nouveau 新的	nouvel	nouvelle
mou 柔软的	mol	molle
fou 疯狂的	fol	folle
vieux 老的	vieil	vieille

第二节　形容词的数

形容词由单数变为复数，主要遵循以下规则：

一、形容词变复数时，通常情况直接在单数形式的词尾加上-s，其读音不变，如：

un cœur pur　　　　　⇒　　des cœurs **purs**（纯洁的心）
une nation puissante　⇒　　des nations **puissantes**（强大的国家）

二、以-s，-x结尾的形容词，其复数形式不变，如：

un bijou précieux　　⇒　　des bijoux précieux（珍贵的首饰）
un mot bas　　　　　⇒　　des mots bas

三、特殊规则如下：

1. 以-al 结尾的形容词变复数时，将-al 用-aux 替代，如：

un texte original　　⇒　　des textes originaux（原文）
un mot amical　　　⇒　　des mots amicaux（友好的字眼）

注意：以-al 结尾的形容词也有例外，如：
banal(平庸的)，naval(航海的)，final(最后的)，natal(故乡的)，fatal(致命的)，colossal(巨大的)，glacial(结冰的)等,这些形容词变复数时,直接在词尾加上 s 即可。

2. 以-eau 结尾的形容词变复数时,在词尾加上-x,如：

un beau garçon　　　⇒　de beaux garçons(帅哥)
un nouveau journal　⇒　de nouveaux journaux(新报纸)

注意：bel, nouvel, vieil, mol, fol 的复数形式仍然是 beaux, nouveaux, vieux, mous, fous,如：

un nouvel ami　　⇒　de nouveaux amis(新朋友)
un bel enfant　　⇒　de beaux enfants(漂亮的孩子)

第三节　形容词的位置与配合

一、形容词的位置

法语形容词的位置一般情况下是放在名词之后的,但有时也不固定,其基本规则如下：

1. 少数单音节形容词或习惯用法中的某些形容词放在所修饰的名词之前,如：

grand(大的),petit(小的),bon(好的,善良的),beau(好的),court(短的),joli(美丽的),gros(大的),large(宽的),vaste(宽广的),vieux(老的),haut(高的),jeune(年轻的),mauvais(糟糕的),long(长的)等。

注意：一旦这些形容词后面还带有补充说明的补语,则这些形容词必须放在名词之后,如：

des livres **bons** à lire pour les enfants(适合孩子的读物)
un mur **haut** de dix mètres(10 米高的墙)

2. 大多数多音节形容词,尤其是表示物体特征、形状或颜色的形容词,一般放在所修饰的名词之后,如：

une photo **extraordinaire**(一张与众不同的照片)
des poèmes **lyriques**(一些抒情诗)

注意：表颜色的形容词如果是由名词转变而来的,则没有性数变化,试比较：

une feuille **verte**(一片绿叶)

une robe **marron**(一条栗色的裙子)

3. 如果形容词表示国家、政治、宗教、科学、文化、经济、技术等各种社会关系,则必须放在所修饰的名词之后,如:

la langue **française**(法语)　　un homme **chrétien**(基督教徒)
le développement **économique**(经济发展)
la coopération **culturelle**(文化合作)

4. 如果形容词是由过去分词或现在分词转变而来,则必须放在所修饰的名词之后,如:

une fleur **fanée**(一朵凋零的花)　　un enfant **errant**(流浪儿)

5. 有些形容词置前置后意义不同,一般说来,放在名词之后表示本意,放在名词之前为引申意义,如:

un homme **grand**(一个高个子的人)　un **grand** homme(一位伟人)
une classe **propre**(一个干净的教室)　ma **propre** classe(我自己的教室)
un soldat **brave**(一名勇敢的士兵)　un **brave** soldat(一位正直的士兵)
mon ami **pauvre**(我的穷朋友)　　mon **pauvre** ami(我可怜的朋友)
un tableau **cher**(一幅名贵的画)　　mon **cher** tableau(我喜欢的画)
une maison **ancienne**(一座老房子)　mon **ancienne** maison(我的旧居)

6. 如果有两个以上的形容词修饰同一个名词,位置如下:
1) 按习惯用法排放,如:

un téléviseur **noir et blanc**(一台黑白电视)
un **gros** magazine **coloré**(一本厚厚的彩色杂志)

2) 按形容词的重要性排放,一般是与名词关系最近的形容词放在离名词最近的地方,如:

un **vrai grand** homme(一个名副其实的伟人)
l'aviation **civile chinoise**(中国民航)

二、形容词的配合

1. 一般规则:形容词应该与所修饰的名词保持性数一致,如:

- Mon père et ma mère sont **bons**. 我的父母亲很善良。
- Il a balayé un tas de feuilles **mortes**. 他已经扫了一大堆枯叶。

2. 如果一个形容词修饰多个名词,配合如下:
1) 如果这些名词都是阳性,形容词必须使用阳性复数,如:

- Pour la soirée, il te faut encore une veste et un pantalon **officiels**.
  为了参加晚会,你还需要一件正式的上装和一条裤子。

2) 如果这些名词都是阴性,形容词必须使用阴性复数,如:

- Il travaille avec une patience et une ardeur **étonnantes**.
  他工作时充满了耐心和热情。

3) 如果这些名词的性各不相同,形容词必须使用阳性复数,如:

- Cet homme montre un courage et une énergie peu **communs**.
  这个人显示了非同寻常的勇气和精力。

3. 如果多个形容词修饰同一个名词,配合如下:

1) 如果名词为单数,这些形容词必然都为单数,而且与名词的性保持一致,如:

- L'âne est **patient** et **humble**. 驴是卑微而且很有耐心的动物。

2) 如果名词为复数,形容词表示的是不同的事物,则可以使用单数形式,如:

- Je peux parler les langues **chinoise**, **française**, **anglaise** et **japonaise**.
  我会说汉语、法语、英语和日语。
- Il faut renforcer la coopération dans les domaines **politique**, **économique** et **culturel**. 必须加强政治、经济、文化领域的合作。

4. 特殊配合:

名词补语后的形容词	修饰名词,与名词配合	un mur de pierre très **haut** 一面高的石墙 des livres d'images **connus** 带有图画的著名读物
	修饰名词补语,与名词补语配合	un verre d'eau **gazeuse** 一杯冰水 une corbeille de pommes **mûres** 一篮成熟的苹果
在动词词组 avoir l'air 后的形容词	主语为人,可与主语配合,也可与 air 配合	Catherine, qui porte une robe **bleue**, a l'air très **joli** (**jolie**). 卡特琳娜穿了一条蓝裙子,显得十分漂亮。
	主语为物,与主语配合	Les poires que nous avons achetées ont l'air **mûres**. 我们买的梨子看上去已经熟了。

续表

demi	放在名词前,无性数变化	une **demi**-heure 半个小时 Elle est **demi-morte**！她几乎半死！
	放在名词后,有性的变化,无数的变化	une heure et **demie** 一个半小时 Trois oranges pour nous deux, cela fait pour chacun une orange et **demie**. 我们两人分三个苹果,就等于每人分到一个半。
nu	放在名词前,无性数变化	J'aime me promener dans la forêt, le matin, **nu-tête**. 我喜欢在清晨摘掉帽子,在森林里漫步。
	放在名词后,与名词配合	Il marche dans la rue pieds **nus**. 他赤着脚在街上走。
possible	如果位于 le plus, le moins, le mieux, le meilleur 等最高级词后,则无性数变化	试比较： La difficulté est grande, mais vous ferez tous les efforts **possibles**. 虽然困难重重,但希望你们尽最大努力。 N'emportez que le moins de bagages **possible**. 尽可能少带些行李。

5. 复合形容词的配合

1) 如果该复合形容词由两个形容词组成,则这两个形容词都必须和所修饰的名词进行配合,如：

une fille **sourde-muette**(聋哑女)

2) 如果复合形容词由形容词和副词(介词)构成,那么形容词必须与所修饰的名词配合,副词/介词不变,如：

des paroles **sous-entendues**(潜台词)

des personnages **tout-puissants**(权贵显赫)

3) 如果复合形容词由形容词和形容词词根构成,形容词必须和所修饰的名词配合,形容词词根不变,如：

la relation **sino-française**(中法关系)

une aventure **tragi-comique**(悲喜交加的冒险)

4) 如果复合形容词由起副词作用的形容词和过去分词构成,后者变,前者则不变，如：

des enfants **nouveau-nés**（新生儿）

des hommes **bas-placés**（地位低下的人）

6. 颜色形容词的配合

1) 颜色形容词本身应当和有关的名词做性数配合，如：

le ciel **bleu**（蓝天） une robe **bleue**（蓝色的长裙）

2) 但是从名词转变而来的颜色形容词则是不变的词形，无性数变化，如：

un ruban **marron** des rubans **marron**（栗色飘带）

注意：由某些名词转变而来的形容词，如 rose（玫瑰色），pourpre（绛紫色），écarlate（猩红色），mauve（紫红色），fauve（黄褐色）等，已经彻底变成形容词，因此也必须与所修饰的名词配合，如：

des robes **roses**（粉红色长裙） des fleurs **pourpres**（紫色的花）

3) 表示颜色的复合形容词一般无性数变化，如：

- Entre les nuages noirs, le soleil glisse ses rayons **jaune clair**.
  在乌云密集的天空，太阳乍现出明亮的光线。
- Nous admirons ces maisons **vert pomme**.
  我们很喜欢这些苹果绿的房子。
- Il a des yeux **bleu azur**. 他长了一双天蓝色的眼睛。

4) 用名词 couleur 表示颜色，则没有性数变化，如：

- Les troupes coloniales adoptèrent **la couleur kaki**.
  殖民地军队的制服颜色是土黄色。

第四节 形容词的比较级和最高级

法语中的形容词有比较级和最高级。

一、形容词的比较级

法语形容词的比较级分为较高、同等、较低三类，分别由副词 plus, aussi, moins 加形容词构成，并用连词 que 引导被比较的对象，如：

- Il est **plus** grand **que** son frère. 他比他的兄弟高。
- Il est **aussi** grand **que** son frère. 他和他兄弟一样高。
- Il est **moins** grand **que** son frère. 他比他的兄弟矮。

注意：

1. 如果进行比较的形容词有两个或两个以上，则必须重复副词 plus, aussi, moins, 如：

- Il est **plus** grand et **plus** intelligent **que** son frère.
  他比他的兄弟高，也更聪明。

2. 形容词比较级的第二成分可以是名词、代词、形容词或其他词类，也可以忽略。第二成分如果是从句，从句的谓语动词前通常加赘词 ne, 如：

- En hiver, il fait plus froid à Beijing **qu'à Nanjing**.
  北京的冬天比南京冷。
- Je suis aussi belle **qu'elle.** 我跟她一样漂亮。
- Ce manuel est aussi intéressant **qu'instructif.**
  这本教材不仅有趣味，而且有教育性。
- Il est plus causant **que je ne le croyais.** 他比我想象的还要健谈。
- La France est grande, mais la Chine est plus grande.
  法国很大，但中国更大。

3. si...que 与 aussi...que 在否定句中可以互换，但 si...que 不能用在肯定句中，如：

- Je ne suis pas **si / aussi** naïf de vous croire **que** lui.
  我不像他那样轻易地相信你。

4. bien, beaucoup, un peu, infiniment 等词可以用来修饰比较级，放在 plus 或 moins 之前，如：

- Dans la montagne, l'air est **bien plus** pur que sur la plaine.
  山区的空气比平原的更清新。
- Ma tâche est **un peu moins** difficile que la vôtre.
  我的任务比您的简单些。

注意：如果用数词（包括副词 beaucoup 在内）来表示差数，则必须把数词放在形容词后面，用介词 de 来引导，如：

- Il est plus âgé que moi **de** cinq ans. 他比我大 5 岁。
- Ma chambre est moins grande que la vôtre **de** trois mètres carrés.
  我的房间比您的小 3 平方米。
- Elle est moins travailleuse que sa mère **de** beaucoup.
  她远没有她的母亲那么勤劳。

二、形容词的最高级

法语形容词的最高级有两种形式：

1. 定冠词/主有形容词＋plus/moins＋形容词＋(名词)＋介词 de＋补语，如：

- La Russie est **le plus grand pays** du monde.
  俄罗斯是世界上面积最大的国家。
- L'éléphant est **la plus intelligente** des bêtes. 大象是动物中最聪明的。

2. 名词(前加定冠词)＋定冠词＋plus/moins＋形容词＋(介词 de)＋(补语)，如：

- Cet élève manifeste **la paresse la moins excusable**.
  这个学生懒透了，没有任何理由能帮他开脱。
- La vie, en outre, est composée **des choses les plus contraires**.
  此外，生活是由截然相反的东西组成的。

注意：

1) 与形容词比较级一样，如果比较的形容词不止一个，le plus, le moins 必须要重复，如：

- Paris est la ville **la plus** grande et **la plus** connue de la France.
  巴黎是法国面积最大、也是最著名的城市。

2) 与形容词的比较级一样，作为比较对象的补语也可以省略，如：

- Ce travail est le plus difficile. 这项工作是最难做的。

三、bon, mauvais, petit 的比较级和最高级很特殊，其形式如下：

原级	比较级	最高级
bon	meilleur plus bon	le meilleur
mauvais	pire plus mauvais	le pire le plus mauvais
petit	moindre plus petit	le miondre le plus petit

1. 在一般情况下，使用 meilleur，只有在特殊情况下才使用 plus bon(与 mauvais 相对的时候)，如：

- Nous avons de **meilleurs** documents pour vous aider, si vous voulez!
如果您愿意,我们可以用更好的资料来帮您。

2. pire, le pire 和 plus mauvais, le plus mauvais 可以互用,但前两者常见于成语中,口语中很难见到;而后两者可做本义,表示"有缺点的、坏的",如:

- Il n'a pas bien fait son travail la dernière fois, mais cette fois-ci, c'est encore **pire**. 上一次他就没有出色地完成工作,这次更糟糕。
- C'est **le plus mauvais** cadeau que j'aie reçu.
这是我收到的最糟糕的礼物。
- Il n'est **pire** eau que l'eau qui dort.
最坏的水莫过于死水。(形容表面正经、内心里坏的人,不露声色最可畏。)
- Ce sont leurs **pires** ennemis. 这是他们最凶恶的敌人。

3. moindre 和 le moindre 多用于抽象意义,而 plus petit 和 le plus petit 则用于具体含义,如:

une vitesse moindre 低速　　une bière de moindre qualité 质量差的啤酒
- Ma fille est **la plus petite** de sa classe. 我的女儿在班上最矮。
- C'est **le moindre** de mes soucis. 这是我操心最少的事儿。

4. le pire 和 le moindre 只能放在名词前面

5. bon, mauvais, petit 在表示同级比较或较低程度的比较时,仍然用一般形式:aussi bon/mauvais/petit, moins bon/mauvais/petit,如:

- En fait, le peuple japonais est **aussi bon** que le peuple chinois.
事实上,日本人民和中国人民一样善良。
- Ma sœur aînée est **moins petite** que moi. 我的姐姐比我高。

注意:某些表示关系的形容词不存在比较级和最高级,如:

physique(物理的)　　　commercial(商业的)　　　culturel(文化的)

四、形容词的绝对最高级

形容词的绝对最高级不使用 plus, moins, aussi,主要有以下几种情况:

1. 使用表示强度的副词以加强形容词的含义,而没有比较和最高的含义,如:

fort aimable(非常友好的)　　　　extrêmement doux(极其温柔的)

本来就已经成为最高含义的形容词,如:

excellent(杰出的) immense(巨大的)
parfait(完美的) universel(普遍的)
extrême(极其的) infini(完全的)
suprême(高级的) énorme(巨大的)
achevé(完美的) enchanté(高兴的)

3. 有些形容词如 antérieur(先于), postérieur(后于), inférieur(低于), supérieur(高于), pareil(相同的), semblable(相似的), préférable(更喜欢的) 等,本来就有比较含义,不需要使用 plus, moins, aussi,直接用介词 à 引导比较成分,如:

- Votre voiture est **semblable à** la mienne. 您的车跟我的很相像。
- Il croit qu'il est **supérieur à** tout le monde.
  他认为自己的地位比其他人的高。
- La force militaire de l'Iraq est **inférieure à** celle des Etats-Unis.
  伊拉克的军事力量没有美国那么强。
- Cette maison est **antérieure à** la dynastie des Tang.
  这座房屋是唐朝以前的。

第四章　限定形容词

第一节　指示形容词

一、指示形容词的词形：

	单数		复数
	阳性	阴性	
简单形式	ce, cet	cette	ces
复合形式	ce (cet)...-ci ce (cet)...-là	cette...-ci cette...-là	ces...-ci ces...-là

注意：cet 只用在以元音字母或以哑音字母 h 开头的阳性单数名词前，如：

cet ami(这个朋友)　　　　**cet** homme(这个男人)
cet étudiant(这个学生)　　**cet** excellent acteur(这位出色的演员)
cet hôtel(这家旅馆)

二、指示形容词的用法

1. 指已经谈到过的人或物，如：

- Un jour, Pascal a rencontré un homme bizarre dans la rue. **Cet** homme lui a posé beaucoup de questions.
  一天，帕斯卡尔在街上遇见一个奇怪的人，那个人向他提了许多问题。

注意：说话时，指眼前的人或物，常伴以手势，如：

- **Cette** robe est à moi. 这条裙子是我的。
- Je n'aime pas **cet** acteur. 我不喜欢这个男演员。

2. 在感叹句中，与名词一起使用，起感叹形容词的作用，如：

- **Cette** jolie fille! 多漂亮的女孩啊！
- **Ces** gentilles dames! 多热情的女士呀！

三、复合指示形容词的用法

1. ce/cet/cette/ces...-ci 表示距离比较近的人或物,ce/cet/cette/ces...-là 则指距离比较远的人或物,如:

- Je voudrais acheter **cette montre-ci**, car je n'aime pas **cette montre-là**.
  我想买这块手表,因为我不喜欢那一块。

2. 表示厌恶或赞赏,如:

- Tu l'as fait comme **ces gens-là**? 你居然像那些人一样做出这等事情!
- **Cette fille-là** réussira, car elle travaille beaucoup.
  那个女孩很用功,她会成功的。

注意:

1) 名词如果带有形容词,则不能再使用-ci 或-là,如:

ces belles filles-**là**(×)　　　　　　**ces** belles filles(√)

2) 在日常语言中,ce...-ci 与 ce...-là 的区别日益淡化,现在更多地使用 ce...-là 来加强 ce 的指代关系。

第二节　主有形容词

一、主有形容词的词形:

	单数		复数
	阳性	阴性	
我的	mon	ma	mes
你的	ton	ta	tes
他(她、它)的	son	sa	ses
我们的	notre		nos
你们的,您的	votre		vos
他(她、它)们的	leur		leurs

注意:

1) 如果主有形容词后面的名词是以元音字母,或是哑音字母 h 开头的阴性单数名词,应该用 mon, ton, son 代替 ma, ta, sa;如果主有形容词所修饰的单数阴性名词前还有其他以元音字母或是哑音字母 h 开头的形容词,也应当用 mon, ton, son 代替 ma, ta, sa, 如：

mon amie française(我的法国女朋友)
ton expérience glorieuse(你荣耀的经历)
son histoire amoureuse(他/她的爱情故事)
mon excellente œuvre(我杰出的作品)
ton ancienne demeure(你的旧居)

2) 主有形容词配合时，人称必须和主有者一致，性数必须和所有物一致，如：

notre fils(我们的儿子)　　**vos** livres(你们的书)　　**mes** stylos(我的圆珠笔)
- **Notre** lecteur français est très gentil. 我们的法语外教非常和蔼可亲。

二、主有形容词的一般用法

1. 如果主有者为复数，而所有物只是每人一个，那么，主有形容词既可以用单数，也可以用复数，如：

- Nous avons **notre** mère (**nos** mères). 我们人人都有母亲。

2. 如果句子主语为 on, chacun, personne, nul 等泛指代词，或在无人称句型中，主有形容词应当用 son, sa, ses, 如：

- On a le droit d'avoir **son** opinion. 人人都有表达意见的权利。
- Chacun a **ses** qualités et **ses** défauts. 每个人都有优缺点。
- Il faut laver **son** linge sale en famille. 家丑不可外扬。

注意：如果泛指代词 on 实际指代 nous 或 vous，则主有形容词应当为 notre, votre, nos, vos, 如：

- On n'a pas assez de temps pour faire **notre** travail.
  我们没有足够的时间来完成任务。

三、主有形容词的替代

如果所有物表示身体的一部分或穿着的一部分，主有者也已经明确，那么主有形容词应当被定冠词所替代，如：

- Je lui lave **les** mains. 我给他洗手。
- Le coiffeur lui a coupé **les** cheveux. 理发师给他理发。
- Il marche lentement, la canne à **la** main. 他手里握着拐杖，走得很慢。

注意：如果这类名词被形容词或补语所限定，则必须用主有形容词，表示

带有说话者的主观感情,试比较:

- Jacques tourna **la** tête et sourit. 雅克转过头,笑了。
  Jacques tourna **sa** tête de poète, et sourit.
  雅克转过他那诗人般的头,笑了。
- Peu à peu, le professeur élève **la** voix. 教授逐渐抬高了嗓音。
  Le corbeau fit entendre **sa** belle voix. 乌鸦展示了它那美妙的嗓音。

第三节 泛指形容词

一、泛指形容词的词形:

表示质量	certain(-e), n'importe quel (quelle), quelque, quelconque(-s), je ne sais quel (quelle)
表示数量	aucun(-e), pas un (une), nul (nulle), divers (diverses), différents (différentes), plusieurs, plus d'un (une), maint (mainte,-s), quelques, chaque, tout
表示形状	autre, quelque autre(s), même(s), tel (telle,s)

注意:泛指形容词一般置于名词前,但 même 可以置于名词前后,quelconque 只能放在名词后面。

二、泛指形容词的一般用法

aucun, pas un, nul:表示绝对的否定,可与否定词 ne 结合使用,一般用单数,但有性的变化,如:

- Il n'a **aucune** envie de vous le dire. 他根本不想告诉你这件事情。
- Fanny a réussi sans **aucun** obstacle. 法妮轻而易举地获得了成功。
- **Pas une** fille n'aime cette sorte de musique.
  没有一个女孩会喜欢这种音乐。
- Il est paresseux comme **pas un**. 没有哪一个像他这样懒。
- Ce sont des choses de **nulle** importance. 这是无关紧要的事。

注意:有时也可用复数形式,如:

aucuns frais(免费)   **nuls** soucis(无忧无虑)

autre:表示"另外的,其他的",如:

- Tu es très gentil, mais le caractère de ta sœur est tout **autre**.

你很亲切，但你姐姐的性格却完全相反。
- Voulez-vous m'envoyer **d'autres** livres? Je n'aime pas celui-ci.
您能给我拿点其他书吗？因为我不喜欢这一本。

注意：这里的 autres 是复数形容词，且在名词前，因此 des 应当改为 de，省音后成为 d'autres。

certain：置于名词前，表示"某个，某几个"，如：
- Notre professeur a un **certain** âge. 我们的老师上年纪了。
- Dans la salle, **certaines** personnes sont attentives.
在大厅中，有些人神情很专注。

注意：现代法语中，certain 前经常使用不定冠词，如：
- Il a un certain courage. 他有一定的勇气。

4. chaque：置于名词前，表示"每个"，只有单数形式，如：
- **Chaque** homme a sa façon de voir. 仁者见仁。

5. divers, différents, plusieurs：表示"许多"，置于名词前。plusieurs 只有复数形式，无性的变化；divers, différents 也只用于复数，但有性的变化，如：
- **Plusieurs** personnes ont été témoins de cet accident.
许多人都是这场事故的见证者。
- Il y a de **diverses** usines dans cette ville. 这个城市有许多家工厂。

6. quelque(-s)：置于名词前，单数表示"某个"，在不可数和抽象名词前使用表示"某些，些许"，如：
- Prêtez-moi **quelque** livre intéressant. 请借给我一本有意思的书。
- Nous avons attendu **quelque** temps. 我们已经等了一些时候。
- Il éprouve **quelque** passion. 他有点激动。

复数形式则表示"一些，若干"，一般用在可数名词的复数之前，如：
- Nous allons lire **quelques** romans de Lu Xun.
我们来读一些鲁迅的小说吧。
- J'ai rencontré **quelques** personnes très sympathiques à cette soirée.
那天晚会上，我遇见几个非常热情的人。

7. quelconque：放在不定冠词引导的名词之后，有性数变化，表示"任何一个，随便哪一个"，如：

- Si vous avez des questions **quelconques**, n'hésitez pas à me poser.
  你们有任何问题都可以大胆向我提，不要犹豫。
- Donnez-lui une revue **quelconque**. 随便给他本杂志吧。

8. tout

1) tout 之后无冠词，表示"任何，每个"，一般多用单数形式，有性的变化，如：

- Cette voiture avance à **toute** vitesse. 这辆车全速前进。
- **Tout** homme doit mourir. 任何人都难免一死。

2) tout 之后加不定冠词，表示"整整"，如：

- C'est **toute** une histoire. 说来话长。
- Nous avons travaillé **toute** une après-midi.
  我们已经工作了整整一个下午。

3) tout 放在定冠词或其他限定词之前，表示"所有的，全部的，整整的"，如：

- Bonsoir, **tout** le monde. 大家晚上好。
- **Tout** son art réside dans le choix des couleurs.
  他的所有艺术就在于对颜色的选取。

4) tout（一般使用阳性单数）放在作家或城市名前，表示"全部作品"或是"整个城市，整座城市的居民"，如：

- J'ai lu **tout** Balzac. 我读了巴尔扎克的所有作品。
- **Tout** Paris est gentil. 巴黎的居民都很和蔼可亲。

注意：tout 用于否定句时，被否定的是 tout 这个词本身，因而是部分否定，表示"并非所有的"，如：

- **Tout** le monde n'est pas ici. 并非所有的人都在这儿。

9. tel：

1) 置于句首，不带任何冠词，表示总结，意为"这"或"这些"，有性数的变化，需与后面的名词作性数配合，如：

- **Telle** est mon opinion. 这就是我的观点。
- **Tels** sont mes avis. 这些就是我的意见。

2) 直接用在名词前，表示"某个，某些"，有性数变化，如：

- Dis-moi à **tel** jour, à **telle** heure et en quel lieu il arrivera.

告诉我,他会在哪一天,哪个时候,哪个地点出现。

3) 用在冠词与名词之间,有性数变化,表示"如此的,这样的",如:

- Il m'a reçu avec un **tel** enthousiasme 他如此热情地接待我。
- Il a prononcé ce discours avec une **telle** émotion.
  他声情并茂地朗诵了这篇演讲稿。
- **Tel** père, **tel** fils. 有其父必有其子。

10. même:

1) 放在名词前,表示"同样的,相同的",有性数变化,如:

- Paul a le **même** âge que moi. 保尔和我同龄。
- Ces deux filles ont les **mêmes** robes. 这两个女孩的裙子一模一样。

2) 放在名词后,表示"自己,本身",有性数变化,如:

- Le soir **même**, il est parti. 他当晚就离开了。
- Pour nous-**mêmes**, ce n'est pas une bonne idée.
  对我们自己来说,这并不是个好主意。

第四节　疑问形容词和感叹形容词

一、疑问形容词和感叹形容词的词形:

	单数	复数
阳性	quel	quels
阴性	quelle	quelles

二、疑问形容词可用于直接疑问句或间接疑问句,其性数必须与所限定或所修饰的名词相一致,如:

- **Quelle** heure est-il? 几点了?
- **Quel** temps fait-il? 天气怎样?
- Il se demande à **quelle** gare il doit changer de train.
  他不知道该在哪个站换车。

注意:疑问形容词 quel 限定主语时,疑问句的词序不倒装,如:

- **Quel** livre vous intéresse? 你对什么书感兴趣?
- **Quel** étudiant court le plus vite de votre classe? 你们班哪个学生跑得

最快？

三、感叹形容词的用法

既可放在名词前做形容语，也可放在名词后作表语，如：

- **Quelle** fleur！真美的花儿！
- **Quelle** est sa détresse！他真是绝望！
- **Quel** beau fruit！多漂亮的水果！

第五章 数 词

一、基数词

基数词用来表示数量,其词形如下:

0 zéro	1 un, une	2 deux	3 trois	4 quatre
5 cinq	6 six	7 sept	8 huit	9 neuf
10 dix	11 onze	12 douze	13 treize	14 quatorze
15 quinze	16 seize	17 dix-sept	18 dix-huit	19 dix-neuf
20 vingt	21 vingt et un, une	22 vingt-deux	27 vingt-sept	29 vingt-neuf
30 trente	31 trente et un, une	32 trente-deux	36 trente-six	39 trente-neuf
40 quarante	41 quarante et un, une	50 cinquante	51 cinquante et un, une	59 cinquante-neuf
60 soixante	61 soixante et un, une	69 soixante-neuf	70 soixante-dix	71 soixante et onze
72 soixante-douze	75 soixante-quinze	79 soixante-dix-neuf	80 quatre-vingts	81 quatre-vingt-un, une
82 quatre-vingt-deux	88 quatre-vingt-huit	89 quatre-vingt-neuf	90 quatre-vingt-dix	91 quatre-vingt-onze

续表

95 quatre-vingt-quinze	99 quatre-vingt-dix-neuf	100 cent	101 cent un, une	102 cent deux
200 deux cents	201 deux cent un, une	1000 mille	1001 mille un, une	2000 deux mille
10000 dix mille	100万 un million	10亿 un milliard		

注意：

基数词无词形变化，但也有例外：

1. un 有性的变化，如：

un bon restaurant（一家好餐馆）   **une** belle maison（一所好房子）

vingt et une revues（21本杂志）   **trente et un** verres（31个杯子）

2. 当基数词作序数词使用时，通常放在名词的后面，表示书页、诗段、戏剧、课时等，此时没有性的变化，如：

la leçon **un**（第一课）   la page **cinquante**（第50页）

3. 如果指时间，钟点上的"分"时，则必须使用阴性形式 une，如：

six heures **une**（6点1分）

4. vingt 和 cent 没有阴性形式，但在表示整数，且后面不再接其他数词时，则必须使用复数形式，试比较：

huit cents dollars（800美元）   **quatre-vingts** tomates（80个西红柿）

huit cent trente dollars（830美元）   **quatre-vingt-une** tomates（81个西红柿）

注意：如果这两个词作序数词，则无词形变化，如：

l'an **huit cent**（公元800年）   les années **quatre-vingt**（80年代）

mille 为不变词形，没有单复数和阴阳性的变化，如：deux **mille**（2000），但指年份时也可用 mil，如：**mil** neuf cent soixante-douze（1972年）。

5. million 和 milliard 都是名词，复数加字母-s，在所修饰的名词前加上介词 de，如：

quelques **millions** de dollars（几百万美元）

plusieurs **milliards** de personnes（好几十亿人）

6. 表示日期时，除了每月第一天用序数词之外，其余都采用基数词，置于月名前,如：

le 1ᵉʳ octobre(10月1日)　　　　le 5 mai(5月5日)。

二、序数词

序数词表达先后顺序,其词形如下：

第一 premier, première	第二 deuxième, second, e	第三 troisième	第四 quatrième	第五 cinquième
第六 sixième	第七 septième	第八 huitième	第九 neuvième	第十 dixième
第十一 onzième	第十三 treizième	第十九 dix-neuvième	第二十 vingtième	第二十一 vingt et unième
第二十二 vingt-deuxième	第三十 trentième	第一百 centième	第一百零一 cent unième	第一千 millième
第一百万 millionième	第十亿 milliardième			

注意：

1. 序数词除了 premier(première) 和 second(seconde) 之外,其他都是以基数词为词干,作必要的变动之后,再加上后缀 -ième 构成。

2. 序数词 unième 不能单独使用,只能用于复合序数词,如：

vingt et **unième**(第21)　　　　deux cent **unième**(第201)

3. Second 只能单独使用,而 deuxième 既可以单独使用,也可以用于复合序数词,如：

la **Seconde** Guerre mondiale(第二次世界大战)
le **deuxième** mois de l'année(一年中的第二个月)
le trente-**deuxième** jour(第32天)

4. 序数词中只有 premier 和 second 有阴阳性和单复数的变化,其余只有数的变化,如：

les **premières** années(最初几年)　　　　le **second** prix(二等奖)

5. 序数词主要用作限定词,前面一般加上定冠词,如：

le deuxième chapitre(第二章)　　　　**au** troisième étage(在四楼)

三、分数和小数

1. 分数

1) 分数词的形式很特殊,除了"二分之一,三分之一,四分之一"外,其余的分数词的分子用基数词表示,分母用序数词表示,如:

un demi / une moitié(二分之一)
un tiers(三分之一)
un quart(四分之一)
trois quatre-vingtièmes(八十分之三)
cinq huitièmes(八分之五)

注意:如果分子超过1,则分母的序数词必须使用复数,试比较:

un **cinquième**(五分之一)　　　　　　deux **cinquièmes**(五分之二)

2) 如果分母数字较大,分数使用介词 sur 表示分数关系,分子和分母都使用基数词,如:

quatre-vingts **sur** mille(千分之八十)

trente-neuf **sur** mille trois cent cinquante-deux(一千三百五十二分之三十九)

3) 百分数即百分比,用法语表示为 pour cent,如:

trente-deux pour cent(百分之三十二)

4) 比数的法语表示为 contre,如:

Ce joueur a gagné le match par 15 **contre** 13.
这名选手以 15 比 13 赢得了比赛。

2. 小数

法语用逗号来表示小数点,读作:

0,9　　　zéro virgule neuf
23,78　　vingt-trois virgule soixante-dix-huit
3,214　　trois virgule deux cent quatorze
7,0897　　sept virgule zéro huit cent quatre-vingt-dix-sept

四、四则运算表达法:

1. 加法

$2+2=4$　　　　　　　Deux et deux (font) quatre.

　　　　　　　　　　　　Deux plus deux égale/égalent quatre.
2. 减法
　　5－2＝3　　　　　　Cinq moins deux égale/égalent trois.
3. 乘法
　　2×2＝4　　　　　　Deux fois deux (font) quatre.
　　　　　　　　　　　　Deux multiplié par deux (font) quatre.
4. 除法
　　8÷4＝2　　　　　　Huit divisé par quatre égale deux.

第六章 代　词

代词在法语中所占的比重较大,因此用法比较重要,一般用来代替名词、形容词、动词、短语、词组或分句、句子。也有少数代词可以单独使用,并不代替别的词或句子。

代词的种类很多,一般来说,可以分为人称代词、指示代词、主有代词、关系代词、疑问代词、泛指代词和副代词七种。

第一节　人称代词

一、人称代词的词形：

数	人称	非重读人称代词				重读人称代词
		主语	直接宾语	间接宾语	自反代词	
单数	第一人称	je / j'	me / m'			moi
	第二人称	tu	te / t'			toi
	第三人称	il elle	le / l' la / l'	lui	se / s'	lui elle soi
复数	第一人称	nous				
	第二人称	vous				
	第三人称	ils elles	les	leur	se / s'	eux elles

二、非重读主语人称代词的用法：

非重读主语人称代词必须和变位动词一起使用,不能单独使用。主语人称代词的第三人称,如果代替前面提到的名词,必须和该名词的性数保持一致,如：

- Ce tableau, oui, **il** est très beau! 这幅画,是的,非常美!

注意：人称代词的特殊用法

1. nous 可以代替 je，表示谦逊或尊严，多用于论著、书本或演讲中，如：

- Comme **nous** le manifesterons dans les chapitres suivants...
  正如我们将在随后的章节中提到的……

2. nous 可以代替 tu，vous，用来表示亲切，如：

- Ma petite fille, **nous** mangeons une pomme, ça va?
  我的乖女儿，我们来吃个苹果，怎么样？

3. 无人称代词 il 在形式上与人称代词第三人称单数相同，但性质不同，用来引导无人称动词构成无人称句，或引导有人称动词，作为形式主语出现。

1) 引导无人称动词时，一般表示天气、时间或存在等，如：

- **Il** fait beau. 天气晴朗。
- **Il** fait du soleil. 出太阳了。
- **Il** est midi. 现在是正午时分。
- **Il** existe seulement un problème à régler. 仅有一个问题还需要处理。
- **Il** faut partir. 该走了。

2) 引导有人称动词时，做形式主语，如：

- **Il** est difficile d'apprendre le français. 学法语很难。
- **Il** est arrivé beaucoup de choses. 发生了许多事情。
- **Il** vient des centaines de personnes dans ce hall.
  几百个人来到这个大厅里。

3) 相当于 cela，代替前面出现的句子，如：

- J'ai tort, **il** est vrai, mais tu n'as pas raison non plus.
  我没有道理，的确如此，但你同样也没讲道理呀。

三、非重读宾语人称代词的用法：

一般放在关系最紧密的动词之前，作为直接宾语或间接宾语，如：

- Je t'aime beaucoup. 我非常爱你。
- Je lui ai envoyé un dictionnaire. 我给他寄了本字典。

注意：宾语人称代词的特殊用法

1. le, la, les, lui, leur 如果用于肯定形式的命令式中，应该放在动词之后，中间用连字符连接，如：

- Ce livre, **passez-le** à Anne. 请把这本书传给安娜。
- Ce livre, **passez-le-lui**. 请把这本书传给他。

如果这类宾语代词用于否定的命令句中,则按照陈述句的语序,放在动词前面,如:

- Ce livre, ne **le** passez pas à Anne. 请别把这本书传给安娜。
- Ce livre, ne **le lui** passez pas. 请别把这本书递给他。

2. me, te, nous, vous 等非重读宾语人称代词如果用于肯定的命令句中,应当变为重读形式 moi, toi, nous, vous,放在动词后面,中间用连字符连接,如:

- Raconte-**moi** dans deux heures. 两小时后再告诉我。
- Passez-**nous** ce livre. 请把这本书递给我们。

如果这类宾语代词用于否定的命令句中,则按照陈述句的语序,放在动词前面,仍然用非重读形式,如:

- Ne **me** raconte pas dans deux heures. 别在两小时后再告诉我。
- Ne **nous** passez pas ce livre. 别把这本书递给我们。

3. le, la, les 一般用作直接宾语,但也可以作表语,与有关的名词做性数配合,如:

- Anne est la cadette des REMY? Oui, elle **l'**est.
  安娜是雷米家最小的孩子吗?是的,的确如此。(l' = la)
- Nous étions étudiants de cette université, mais nous ne **les** sommes pas. 我们曾经是这所大学的学生,但现在不是了。

注意:这类被 le, la, les 代替的名词必须为确指的,如这些名词有冠词、指示形容词或主有形容词限定。

4. 直接宾语人称代词 me, te, le, la, nous, vous, les 用在 voici, voilà 之前,如:

- **Nous** voilà arrivés. 我们到了!
- **Nous** voici au début du mois. 我们现在正值月初。

5. le 可用作中性代词,形式上为第三人称单数,作用十分广泛

1) 代替作表语的名词、形容词和分词,且这些词为非确指的,如:

- Êtes-vous fatigués? Oui, nous **le** sommes. 你们累吗?是的,很累。
- Êtes-vous étudiants? Oui, nous **le** sommes.
  你们是学生吗?是的,我们是。

2) 代替动词或分句,相当于 cela,如:

- Ce que j'ai fait, je **le** ferai encore. 我曾经做过的，我仍然会做。
- Cet enfant est très studieux, comme nous **l**'avons vu.
正如我们所看见的那样，那孩子非常用功。

3）常用于比较的第二成分中，如：

- Elle est plus intelligente que je ne **le** croyais. 她比我想象的更聪明。

四、重读人称代词的用法

1. 用作主语同位语，如：

- **Lui**, il n'a rien fait. 他什么也没有做。
- **Moi**, je reste. 我，我留了下来。

2. 在特定情况下用作主语，如：

- **Lui** travaillait; **eux** jouaient. 他工作着，而他们却在玩。
- **Lui-même** l'a promis. 他已经答应了。

3. 与另一重读人称代词或名词组成复合同位语，如：

- Ton père, **toi** et tes enfants, vous serez honorés à jamais.
你的父亲、你和你的孩子，你们将永远受到人们的爱戴。
- Mon frère et **moi**, nous sommes partis ensemble.
我的兄弟和我，我们是一起离开的。

4. 和另一成分并列，或后面接有其他成分（如同位语，关系从句等），作主语，如：

- **Lui** qui est entré après moi, doit fermer la porte.
他在我后面进来，所以他应当关门。
- **Lui**, président exécutif, déclare ouverte la séance.
他以执行总裁的身份宣布会议开始。

5. 另外，还可以用在不定式句中或绝对分词从句中，用作主语，如：

- **Eux** arrivés, nous nous mettons au travail.
他们已经到达，我们开始工作吧。
- **Eux** partis, il n'y a plus d'ambiance. 他们一离开，气氛就全没了。

6. 在单部句或比较句中单独使用，如：

- Comment allez-vous? **Moi**, très bien. 您好吗？我很好。
- Son frère est plus grand que **lui**. 他的兄弟比他高。

7. 用于 ne... que 和 c'est... qui/que 之后，或用于介词之后，做宾语、状语、表语等，如：

- Il ne reste que **lui**. 只剩下他。
- C'est **moi** qui ai fini ce travail. 是我完成了这项工作。
- Je pense beaucoup à **toi**. 我非常想你。
- C'est avec **vous** que je peux achever ce travail.
  在您的陪同下，我能顺利完成这项工作。

8. 用作肯定命令句的第一、第二人称的宾语代词，如：

- Montrez-**moi** votre opinion! 告诉我您的意见！
- Donnez-**nous** votre nom et votre adresse!
  请告诉我们您的姓名和地址！

9. 用于肯定命令句的第三人称。如果做直接宾语，就用 le, les, 如果做间接宾语，就用 lui, leur, 如：

- Ne laisse pas ta sœur faire tes devoirs, fais-**les** toi-même.
  别让你的姐姐帮你做作业，自己做！
- Dites-**lui** ce que j'ai fait! 告诉他我做了什么！

10. 也可用在 seul 前，如：

- **Moi** seul suis responsable de nos échecs. 只有我来为我们的失败负责。

五、自反人称代词

自反人称代词与及物动词组成自反动词，代表主语作该动词的直接宾语或间接宾语；自反代词的非重读形式为 me, te, se, nous, vous, se；重读形式为 moi, toi, lui, elle, nous, vous, eux, elles；特殊重读形式为 soi。

1. 非重读自反人称代词的用法：与动词合用，放在动词之前，作直接宾语或间接宾语，如：

- Ils **se** sont rencontrés dans la Rue Moulin. 他们相遇在穆兰街上。
- Nous **nous** contentons de cette soirée. 我们觉得这场晚会还凑合。
- Il **se** lave les mains. 他洗手。

2. 在肯定形式的命令式中，必须放在动词后面，并改用重读人称代词的形式，两者之间必须用连字符，如：

- Lave-**toi** les mains, Jacques! 洗手，雅克！
- Lève-**toi**, Jacques! 起床，雅克！

六、重读自反代词 soi

重读自反代词 soi 代替的对象一般是不确指的,与其对应的主语人称代词是泛指人称代词 on。

1. 与 on 搭配使用,如:

- On est bien chez soi. 在家样样好。

2. 代替泛指代词或不确指的名词,如:

- L'orgueil est l'admiration de **soi**. 骄傲就是自我欣赏。

3. 用于无人称句,如:

- Il est bon dans les circonstances difficiles de témoigner la maîtrise de **soi**. 在困难条件下能控制自己是一件好事。

4. 做名词补语,与介词连用,如:

- l'amour de **soi**(自尊心)   l'oubli de **soi**(毫不利己)

5. 用于固定用法,如:

- Cela va de **soi**. 不言而喻。
- faire une réflexion à part **soi** 自我思忖
- le **soi**, le moi et le surmoi 本我、自我和超我

6. 在 ne...que 后面,用作直接宾语,如 n'estimer que **soi** 只看得起他自己

注意:泛指代词 quelqu'un, quelques-uns 常用 lui, eux 替代,而不用 soi。

- Quelqu'un pense toujours à lui-même. 有人总是想到他自己。

七、非重读人称代词的重复

做主语的非重读人称代词一般情况下需要重复,如:

- **Il** est parti pour la France, puis **il** a commencé ses études en commerce. 他前往法国,随后开始学习商业。

注意:

1) 如果两个分句是无连词的并列复合句,或是有连词的并列复合句,且连词是 mais, et 或 ou 时,人称代词可以不用重复,如:

- **Il** est parti pour la France et a commencé ses études en commerce.

他前往法国开始学习商业。

2) 如果两个动词使用否定连词 ni 连接,则绝对不能重复人称代词,如:

- **Elle** ne le salue ni ne lui parle jamais.
  她既不和他打招呼,也从不和他说话。

2. 做宾语的非重读人称代词一般需要重复,如果一个是直接宾语,一个是间接宾语,则必须重复,如:

Il **me** voit et **me** sourit. 他看见我,向我微笑。

第二节 副代词

法语有两个副代词,分别是 en 和 y,既起副词作用,又起代词作用。

一、en 的用法

1. en 代替以不定冠词 des 和部分冠词 du, de la, des 或由介词 de 引导的直接宾语,如:

- Il lit des livres et il **en** achète. 他看了一些书,也买了一些书。
- Vous avez des manuels sur l'économie? Oui, nous **en** avons.
  你们有一些关于经济的教材吗?是的,我们有一些。
- —Il y a du café dans la maison? 家里还有咖啡吗?
  —Non, il n'y **en** a pas. 一点都没有了。

2. 如果做直接宾语的名词是由定冠词、主有形容词或指示形容词引导,就不能再用 en 替代,而必须由直接宾语人称代词替代,试比较:

- Il voit des livres et il **en** achète. 他看见一些书,而且买了。
- Il voit ces livres et il **les** achète. 他看见了这些书,并买了下来。

3. en 代替介词 de+名词/从句的结构,做间接宾语或状语,如:

- Vous m'avez donné un coup de main dans des circonstances difficiles et je m'**en** souviendrai pour toujours.
  您在我困难的时候帮我,我会永远铭记在心。
- Il a la grippe; il **en** reste très affaibli. 他得了感冒,因此非常虚弱。

4. en 代替 de+指物的名词,作直接宾语的补语,或用在系动词 être 之前,作主语的补语。如:

- La vivacité de son esprit est grande; elle nous **en** cache parfois la

profondeur. 她思想十分活跃,但常常深藏不露。
- La soirée est bien organisée, le succès **en** est certain.
这次晚会组织得很好,一定能圆满成功。

5. en 代替介词 de 加名词或从句,作形容词表语的补语,如:

- J'ai réussi et j'**en** suis fier. 我成功了,感到非常骄傲。
- —Vous êtes content de mon travail? 您满意我的工作吗?
  —Oui, j'**en** suis très content. 是的,我很满意。

6. en 代替数词和泛指形容词 plusieurs 后的名词,但数字依然保留,如:

- Parmi ces dix personnes, j'**en** reconnais cinq.
在这十个人当中,我认识五个。
- Tous les étudiants ne sont pas ici, il **en** manque plusieurs.
不是所有的学生都在这里,还差好几个呢。

7. en 代替 beaucoup de, un peu de, peu de 等数量副词短语后的名词,如:

- Des passants? Il **en** a rencontré beaucoup. 行人吗?他遇见了很多。

8. en 用在熟语中,如:

- L'appétit vient **en** mangeant. 胃口越吃越大。
- Je n'**en** puis plus. 我坚持不住了。
- Il **en** va de même. 同样如此。

注意:

1) en 和 de lui/d'elle/d'eux/d'elles 的区别:一般情况下,en 代替指物的名词,而 de lui/d'elle/d'eux/d'elles 则代替指人的名词,如:

- Son ami? Elle parle souvent **de lui**. 他的朋友?她常谈起他。
- Son usine? Il **en** parle souvent. 他的工厂?他常常提起!

2) 通常情况下,以介词 de 引导的地点、原因、方式等状语用 en 代替,如:

- Il était parti pour la France et au bout de quatre ans il **en** est revenu.
他去了法国,四年后又回来了。

3) 第一组动词第二人称单数在肯定命令句中与 en 连用时,词末的 -s 不用省略,试比较:

- Mange des pommes. 吃苹果。
- Manges-**en**! 吃吧!

二、y 的用法

1. 代替以介词 à 引导的名词，作间接宾语，如：

- Ce bois est creux, une tribu d'insectes **y** habite.
  这木头是空的，里面有一窝虫子。
- Cette question est très difficile, je ne peux pas **y** répondre.
  这个问题很难，我回答不上来。

2. 代替形容词的补语，如：

- Cette vie, j'**y** suis habitué. 这种生活，我已经习以为常。
- Quant à votre avis, nous n'**y** sommes pas hostiles.
  至于您的意见，我们并不反对。

注意：

1) 这些补语通常由介词 à 引导，并且指物。
2) 在某些熟语中，无确定意义，如：

- Ça **y** est! 好了！
- Il sait bien s'**y** prendre. 他知道如何行动。

3) 一般来说，y 代替介词 à 引导指物或指事的名词，而介词 à 引导指人的名词通常由介词 à＋重读人称代词或者由间接宾语人称代词来替代，试比较：

- Votre travail? J'**y** pense souvent! 您的工作？我常常想起！
- Votre client? Je pense **à lui**! 您的顾客？我很想他！
- Il me pose une question très difficile, et je ne peux pas **lui** répondre.
  他给我提了一个很难回答的问题，我无法回答他。

在大多数情况下，指人的由间接宾语人称代词来替代，但 penser à（想念），songer à（想，考虑），rêver à（想念），s'intéresser à（对……感兴趣），s'attacher à（关注），se fier à（信任、相信、信赖……）引导指人的名词，只能用à＋重读人称代词替代，如上述例句 2。

3. y 可以代替由介词 à, dans, sur, sous, chez, devant 等引导的地点状语，如：

- —Vous allez à la gare? 您去火车站吗？
  —J'**y** vais aussi. 我也去。
- —Marie est dans la classe? 玛丽在教室吗？
  —Oui, elle **y** est. 是的，她在。

4. 第一组动词和动词 aller 的第二人称单数在肯定命令句中与 y 连用时，也不用省略词尾的 -s，如：

- Penses-y! 想想吧！
- Vas-y! 去吧！

三、两个以上的宾语人称代词和副代词在句中的位置

1. 在陈述句和否定式命令句中，宾语人称代词和副代词必须放在相关的动词之前，如有两个代词同时出现，先后顺序如下：

me te se nous vous	le la les	lui leur	y	en

如：

- Cette nouvelle, je **te l'**ai déjà dite. 这则消息，我已经告诉你。
- Ces règles de match, est-ce que vous **les lui** avez expliquées? 这些比赛规则，您都给他解释过吗？
- —Pourriez-vous accueillir les Wang à l'aéroport? 您能去机场接王先生一家吗？
  —Oui, je vais les **y** accueillir. 好的，我就去。

在肯定命令句中，代词放在动词之后，位置如下：

le la les	moi toi lui nous vous leur	y	en

注意：动词后面一般情况只接两个不同的代词，并且动词和代词、代词和代词之间必须用连字符连接，如：

- Ce livre, donnez-**le-moi**! 这本书，请把它给我！
- Voici une photo, passez-**la-lui**! 这是一张照片，请递给他！

第三节　指示代词

一、指示代词代替前面出现过的名词，以避免产生重复，词形如下：

		阳性	阴性	中性
简单形式	单数	celui	celle	ce
	复数	ceux	celles	
复合形式	单数	celui-ci, celui-là	celle-ci, celle-là	ceci, cela, ça
	复数	ceux-ci, ceux-là	celles-ci, celles-là	

简单形式的指示代词不能单独使用，后面必须加上介词 de 引导的补语或以关系代词引导的从句；指示代词的性数必须和所代替的名词相一致；指示代词的中性形式没有复数的形式，可以指人或物。

二、celui, celle, ceux, celles 的用法：

1. 后面接以介词 de 引导的补语或关系从句，代替之前提到的名词，避免重复，如：

- Ta robe est jolie, mais **celle** de Fanny est encore plus jolie.
  你的裙子很漂亮，但法妮的裙子更漂亮。
- Je n'aime pas l'histoire que Paul vient de raconter, je préfère **celle** qu'a racontée sa sœur.
  我不喜欢保尔刚才讲的故事，我更喜欢他姐姐讲的。

2. celui, celle 也可以接以介词 de 引导的副词，如：

- — J'ai manqué mon train! 我误了火车。
  — Ça ne fait rien, tu peux prendre **celui** d'après.
  不要紧，你可以乘下一趟。

3. 也可以不具体代替某一特定名词，而指特定的人，如：

- **Ceux** qui n'ont jamais souffert ne savent rien.
  没有历经磨难的人，就什么也不明白。
- Il regarde longtemps **celle** qui s'avance.
  他久久地注视着前行的那个女人。

4. 如果之后要加形容词，中间应加逗号，表示停顿，如：

- Parmi tous mes voyages, je me rappelle surtout, **celui**, si agréable, que j'ai fait en France.
  在所有的旅行当中,我特别记得美妙的法国之行。

5. 原则上,这些简单形式的指示代词之后不能再接分词,但目前这种做法已经十分常见,如:

- Cette voiture ressemble exactement à **celle apparue** il y a trois jours.
  这辆汽车跟三天前出现的那一辆一模一样。

6. ceux＋de＋地方名词,表示"某地的人",如:

- **Ceux** de Beijing se sont calmés. 全北京的人都平静下来了。

三、指示代词 ce 的用法

指示代词 ce 的出现频率极高,只有单数形式,指事物或人;之后如果遇到以字母 e、a 开始的单词,应当写成 c',如:

1. ce 与 pouvoir être, devoir être 连用,表示"一定,可能",如:

- **Ce** devait être son cousin. 这一定是他的表兄。

2. ce 后面接关系从句,如:

- Je suis pour **ce** que vous me proposez. 我接受您给我提的建议。

3. 用于常见的表达方式中,相当于 cela,如:

- Sur **ce**, il a disparu. 说完这些后,他就走了。

4. 后面加上系动词 être,ce 成为形式主语,être 应当与之配合。
1) 为强调主语,可将主语提前,然后使用 c'est 结构,如:

- Vouloir, **c'est** pouvoir. 有志者事竟成。

类似结构中,主语也可以置后,如:

- **C'est** bien amusant, ce film. 这场电影很有趣。
- **C'est** lui, l'avocat qui est chargé de ce procès.
  负责这个案件的律师就是他。

2) 作为强调句型,如:

- **Ce qui** nous ennuie, **c'est** qu'il a manqué son train.
  令我们伤脑筋的是,他误了火车。

四、复合指示代词的用法

复合形式的指示代词和简单形式的指示代词不同,后面不需要有限定成

分,可以单独使用。带-ci 的,指较近的人或物;带-là 的,指较远的人或物,如:

- Tu veux quel livre? **Celui-ci** ou **celui-là**?
  你想要哪本书?是这本还是那本?
- Choisissez une cravate; **celle-ci** est fort jolie; **celle-là** est plus simple.
  请挑选一条领带;这一条漂亮,那一条朴素。

第四节　主有代词

一、主有代词的词形:

		单数主有者		复数主有者	
		单数主有物	多数主有物	单数主有物	多数主有物
第一人称	阳性	le mien	les miens	le nôtre	les nôtres
	阴性	la mienne	les miennes	la nôtre	les nôtres
第二人称	阳性	le tien	les tiens	le vôtre	les vôtres
	阴性	la tienne	les tiennes	la vôtre	les vôtres
第三人称	阳性	le sien	les siens	le leur	les leurs
	阴性	la sienne	les siennes	la leur	les leurs

注意: 主有代词阳性单数和阴阳复数遇到介词 à 或 de 时,要缩合成 au mien, aux miens, du mien, des miens 等形式。

二、主有代词的一般用法: 与名词及其他代词相同,代替名词,避免重复。与所替代的名词进行性数配合,可以做主语、表语、宾语、状语、补语等,如:

- Mon fils a treize ans, combien a **le vôtre**?
  我的儿子16岁了,您的儿子呢?
- Vos raisons ne paraissent guère meilleures que **les nôtres**.
  你们的理由也不见得比我们好多少。
- Cette classe propre est **la nôtre**. 这间干净的教室是我们的。

注意: 阳性复数形式表示"亲属,亲友;士兵;自己人"等,如:

- Soyons **des nôtres**! 跟我们一起干吧!
- **Les miens** insistent pour te parler. 我的家人坚持要跟你谈谈。

第五节　关系代词

一、关系代词:关系代词较其他代词用法比较复杂,作用是代替复合句主句里的先行词,引导定语性的关系从句,而关系代词在从句中起主语、宾语或状语的作用。

二、关系代词的词形如下:

简单词形:qui, que, quoi, dont, où
复合词形:lequel
注意:简单词形无性数变化,而复合词形有性数变化。

三、关系代词 **qui** 的用法:最常见的一个关系代词,在从句中做主语、宾语、状语等。

1. 代替指人或物的先行词,在从句中做主语,从句的其他成分,如谓语和表语等,必须与 qui 所指代的先行词作性数配合,如:

- C'est lui **qui** a acheté cette voiture. 是他买了这辆车。
- La personne **qui** retrouvera mon petit chat gris aura une récompense. 谁找回我那只灰猫,就能够得到一笔酬金。
- Le film **qui** passe en ce moment au cinéma est un chef-d'œuvre. 现在在这家影院上映的电影是一部大作。

2. 在定语性的从句中,作间接宾语或补语,只指人,如:

- Je ne me souviens pas du nom de la personne **à qui** je viens de téléphoner. 我记不得刚刚我给谁打电话了。
- La gardienne **à qui** vous avez demandé de venir n'est pas libre. 您找的那个看守没有时间来。

3. 做从句谓语的状语,只能指人,如:

- Voilà la personne **chez qui** nous allons dîner demain. 就是这个人,我们明天要去他家里吃饭。
- Les amis **avec qui** nous allons en vacances demeurent au bord de la mer. 跟我们一起度假的那些朋友待在海边。

四、关系代词 **que** 的用法:代替先行词,在从句中作直接宾语或表语。

1. 在从句中作直接宾语,如:

- La chanteuse **que** vous écoutez en ce moment a eu beaucoup de succès. 在你面前唱歌的那个歌手已经很有成就。
- Les statistiques **que** le ministère d'Education vient de publier m'étonnent beaucoup. 教育部刚刚公布的统计结果令我大吃一惊。
- Soyez gentil avec les gens **que** vous rencontrez.
  请对您遇见的人友好一些！

注意：如果从句的谓语为复合时态，从句中的过去分词性数必须和先行词保持一致，如：

- Tu connais la fille **que** nous avons vue?
  你认识我们看见的那个女孩吗？

2. 在从句中做主语的表语，如：

- Ah! Misérables cœurs **que** nous sommes! (A. Daudet)
  啊！我们都是些可怜人！
- Le sot **que** tu es se laisse prendre à tout coup.
  你这个人真傻，每次都上当！

五、关系代词 quoi 的用法：仅仅指事物，不能指人，前面一般有介词引导，其先行词必须为不确定的泛指代词或整个从句；在从句中作间接宾语、状语或形容词补语，如：

- Ce n'est pas du tout **à quoi** je m'attendais. 这完全出乎我的意料。
- On ne trouve rien **à quoi** il puisse s'intéresser.
  人们很难找到令他感兴趣的东西。
- Accourez vite, **sans quoi** il sera trop tard. 快跑，否则就晚了。
- Il n'y a rien **à quoi** il n'ait songé. 他什么都考虑到了。
- Ils exposent leur requête, **après quoi** ils se retirent.
  他们提出要求后便退了出去。

六、关系代词 dont 的用法：在各种关系代词中，dont 的使用最复杂，它的先行词可以是人，也可以是物，dont 实际上代替 de 加上先行词。

1. 在从句中作动词的间接宾语（或补语），如：

- **La maîtresse d'école dont** je me souviens était petite et grosse.
  我记忆中的小学老师长得很矮胖。
- Les tapis **dont** je rêve viennent tous d'Iran. 我想要的地毯来自伊朗。
- J'ai enfin rencontré les amis **dont** il m'avait parlé.

最后，我遇见了那些他曾经跟我提及过的朋友。

2. 在从句中做状语，如：

- Le pommier **dont** proviennent ces fruits, c'est mon grand-père qui l'avait planté.
  这些水果产自这棵苹果树，而这棵苹果树就是我祖父栽种的。
- La blessure **dont** il est mort semble sans gravité.
  令他致命的伤口看上去并不那么很严重。
- Il saisit un gourdin **dont** il menaça son adversaire.
  他抓住一根大棒，威胁他的对手。

3. 在从句中做名词或形容词补语，如：

- L'étudiant **dont** le père est acteur suit un cours d'histoire avec moi.
  这名学生跟我一起上历史课，他的父亲是演员。
- Il ne veut pas me dire le nom de la fille **dont** il est amoureux.
  他不愿意告诉我他心上人的名字。
- Il me montre une carte routière **dont** il manque une bonne partie.
  他拿出一张公路图给我看，图中间缺了一大块。

4. 做从句中的数量补语，如：

- J'ai acheté trois livres **dont** deux sont reliés.
  我买了三本书，其中两本是精装的。

注意：

1) dont 和 d'où 的用法有别，后者只表示地点，而前者可以指出生，如：

- **D'où** viens-tu? 你是哪人？
- La famille **dont** je descends est originaire du sud. 我的祖籍正在南方。

2) 在 c'est... que 句型中，如果先行词有介词 de，应当用 c'est de... que 结构，而不能用 c'est... dont 的结构，如：

- **C'est de** lui **que** je parle. 我谈论的就是他。
- **C'est de** l'excursion **qu'**il a été question. 涉及的问题是郊游。

七、关系代词 où 的用法：其先行词只能是表示地点或时间的名词或副词。

1. 作地点状语，如：

- Elle n'a pas trouvé le magasin **où** on soldait les téléviseurs.

她没有找到那家出售打折电视的商店。
- Il regagne le pays **où** il est né. 他又回到了出生的地方。

2. 作时间状语，如：

- L'époque **où** tous les aliments étaient rationnés est à jamais révolue.
食品配给的年代已经一去不复返。
- Il faisait très froid la semaine **où** vous êtes partis.
你们离开的那个星期，天气非常冷。

注意：où 的先行词可以是一个地点副词，如 partout, là, voici, voilà 等，如：

- Nous allons **partout où** il y a de l'injustice. 哪儿不平，哪儿就有我们。
- **Là où** il y a oppression, il y a résistance. 哪儿有压迫，哪儿就有反抗。

八、复合关系代词 lequel, laquelle, lesquels, lesquelles 的用法：复合关系代词的性数和先行词必须保持一致。

1. 如果先行词是指物的名词，且关系代词前需要用介词，此时采用复合关系代词，如：

- La voiture sous **laquelle** on avait mis la bombe est entièrement détruite. 我们在那辆汽车下面安装了炸弹，汽车被彻底摧毁了。
- Le lait en poudre sans **lequel** on ne pourrait pas nourrir ces enfants est arrivé hier.
没有奶粉，我们就无法喂饱这些孩子，所幸的是奶粉昨天就到了。
- Tu as remarqué la voiture près de **laquelle** j'ai garé la mienne.
你注意到了那辆汽车，旁边的就是我的车。

2. 关系代词如果接在以介词引导的名词之后，并做该名词的补语时，应当使用带有介词 de 的复合关系代词，如：

- A l'entrée vous pouvez voir une porte à côté **de laquelle** se trouve une magnifique sculpture.
在入口处，你们可以看到一扇门，旁边有一尊巧夺天工的雕塑。
- Les arbres à l'ombre **desquels** ils se sont reposés viennent d'être abbatus. 那些树刚刚被砍掉，他们还在这些树下面纳过凉呢。

3. 在模棱两可的情况下，应当用复合关系代词而不用 qui，因为复合关系代词有性数变化，可以十分清楚地表示人，如：

- Le père de cette jeune fille, **lequel** est médecin, partirait pour la

France. 这个女孩的父亲是个医生，将前往法国。
- Il connaît bien le fils de sa voisine, **lequel** a les mêmes goûts.
  他跟他邻居的儿子很熟，他们俩趣味相投。

注意：
1) 如果所指代的是指人，可以用 qui 代替复合关系代词，如：
- La femme **à qui** / **à laquelle** j'ai parlé tout à l'heure est l'épouse de mon professeur. 刚才和我说话的那个女人是我老师的妻子。

2) 如果所指代的是动物，通常情况下用复合关系代词；如果所指代的是事物，则必须用复合关系代词。

3) 在介词 parmi 后面，无论先行词是指人还是指物，一般都用复合关系代词，且多用复数形式，从句的谓语可以省略，如：
- Il voit beaucoup de momuments historiques **parmi lesquels** Notre-Dame de Paris l'impressionne le plus.
  他欣赏很多名胜古迹，但最让他流连忘返的是巴黎圣母院。
- Il a des amis étrangers **parmi lesquels** trois ou quatre Français.
  他有很多外国朋友，其中有三四个是法国人。

九、关系代词的重复：形式或句法作用相同的两个或两个以上的关系代词在一起使用时，有两种情况：在口语中倾向于重复；在书面语中或与连词 et，ni 结合使用时，则倾向于省略。

1. 在口语中重复，如：
- Je regarde la roue **qui** tourne et **qui** s'arrête. 我看见轮子转了又停。

2. 在书面语中或与连词 et，ni 结合使用，如：
- Il y a des pays **qui** sont plus vastes et ont plus de beauté que le nôtre.
  有一些国家比我们国家幅员更辽阔，而且更美丽。

3. 如果两个关系代词，虽然形式相同，但句法作用不同，则必须重复，如：
- Il me conseille de lire ce roman **dont** l'auteur est un chercheur et **dont** il aime le sujet.
  他建议我读这本小说，作者是一名科研人员，他本人十分喜欢这部小说的主题。

第六节 疑问代词

一、疑问代词分三种：简单疑问代词，复合疑问代词，特殊疑问代词。

简单形式：qui, que, quoi,
　　　　　　ce qui, ce que(用于间接疑问句)
复合形式：lequel, laquelle, lesquels, lesquelles
特殊形式：qui est-ce qui, qui est-ce que
　　　　　　qu'est-ce qui, qu'est-ce que

简单疑问代词没有词形变化，通常只用单数；特殊疑问代词的意义和简单疑问代词相同，只是使用这类疑问词时，后面的句子必须使用陈述句，主语和谓语不必倒装；使用复合疑问代词必须要注意，如果前面出现介词 à, de, 就必须使用它的缩合形式，如 auquel, duquel 等。

二、疑问词 qui, qui est-ce qui, qui est-ce que 的用法

1. qui 可用于直接疑问句和间接疑问句，做主语、表语、宾语、状语或补语。

1) 做主语，如：

- **Qui** va partir pour la France? 谁要前往法国？
- **Qui** est dans la classe? 谁在教室里？

注意：做主语时，后面的谓语动词一定是第三人称单数的形式。

2) 作表语，如：

- **Qui** est ce jeune homme dans le jardin? 在花园里的那个年轻人是谁？

3) 作宾语，如：

- A **qui** doit-on parler à la soirée? 在晚会上，我们该跟谁说话呢？
- **Qui** verra-t-on à la fête? 在聚会上，我们会碰见谁呢？

4) 作状语，如：

- Chez **qui** nous allons dîner? 我们去哪一位家里吃晚餐？
- Avec **qui** vous vous êtes promenés? 你们和谁一起散步了？

5) 作补语，如：

- De **qui** est-elle jalouse? 她嫉妒谁？

2. qui est-ce qui, qui est-ce que 的用法：用于直接问句,前者做主语；后者做直接宾语,或加上介词作间接宾语、状语、补语。其作用与 qui 相同,但常见于口语中。

1) Qui est-ce qui 作主语,如：

- **Qui est-ce qui** s'intéresse à ce travail? 谁对这份工作感兴趣？
- **Qui est-ce qui** a retardé le réveil d'une heure?
  是谁把闹钟拨慢了一个小时？

注意：在 qui est-ce qui 作主语时,后面的谓语动词一定是第三人称单数的形式。

2) qui est-ce que 作直接宾语,如果前面加介词,那么就可以作间接宾语、状语和补语,如：

- **Qui est-ce que** vous avez vu à la soirée? 晚会上,你们遇见了谁？
- A **qui est-ce que** vous pensez? 您想谁？
- Sur **qui est-ce que** vous manifestez votre opinion? 您对谁有看法？
- De **qui est-ce que** l'on a pris l'avis? 采用了谁的建议？

三、疑问代词 que, qu'est-ce qui, qu'est-ce que 的用法

1. que 在疑问句中作直接宾语,表语或状语；在无人称疑问句中作实质主语。

1) 作直接宾语,如：

- **Que** désirez-vous? 您想要什么？

2) 作表语,如：

- **Qu'**êtes-vous devenu? 您变成什么样了？

3) 作实质主语,如：

- **Qu'**y a-t-il? 有什么事呀？
- **Que** se passe-t-il? 发生什么事情了？

2. qu'est-ce qui, qu'est-ce que 的用法：前者多用于主语,后者则做直接宾语或表语,常见于口语中。

1) qu'est-ce qui 作主语,如：

- **Qu'est-ce qui** a brûlé? 什么东西烧着了？

2) qu'est-ce que 作直接宾语或表语,如：

- **Qu'est-ce que** c'est? 这是什么？

- **Qu'est-ce que** tu préfères comme saison: l'été ou l'hiver?
  你喜欢什么季节:是夏天还是冬天?

四、疑问代词 quoi 的用法

疑问代词 quoi 指代意义不确切的事物,在直接疑问句中,可以作主语、直接宾语、间接宾语或状语。

1. 作主语,如:

- Alors, **quoi** de nouveau? 请问,有些什么新消息呢?

注意: quoi 后面带的形容词前必须加上介词 de。

2. 做直接宾语,如:

- Vous faites **quoi** ce soir? 您今晚做点什么?

3. 作间接宾语,如:

- Vous parlez de **quoi** maintenant? 现在您谈论什么呢?
- De **quoi** s'agit-il? 涉及什么问题?

4. 做各种状语,如:

- Avec **quoi** répares-tu le vélo? 你用什么修理自行车呢?
- Par **quoi** commence-t-on? 从哪儿开始呢?

五、复合疑问代词 lequel, laquelle, lesquels, lesquelles 的用法:可以指人,也可以指物;可用于直接疑问句,也可用于间接疑问句;可作主语、直接宾语、间接宾语或状语,通常伴有介词 de 引导的补语。

1. 作主语,如:

- **Lequel** des deux livres vous intéressera?
  在这两本书中,哪一本会吸引你?
- **Lequel** d'entre vous veut faire un exposé? 你们当中谁想做口头发言?

2. 作直接宾语,如:

- **Lequel** de ces plats préférez-vous? 在这些菜式中,您喜欢哪一道?
- Ces deux robes me vont bien. **Laquelle** dois-je acheter?
  这两条裙子都十分适合我,我该买哪一条呢?

3. 作间接宾语,如:

- **Auquel** de ces romans accordez-vous la préférence?
  你喜欢这些小说中的哪一部?

4. 作状语，如：

- Par **laquelle** des deux routes passerons-nous?
  在这两条路当中，我们该走哪一条？

六、qui, que, quoi, lequel 等用于间接问句

1. qui 可直接用于间接疑问句，如：

- Je ne sais **qui** vous êtes. 我不知道您是谁。
- Je me demande en **qui** je dois avoir confiance.
  我不知道究竟该信任谁。

2. que 用于间接疑问句时，如果做主语，则必须使用 ce qui；如果做其他成分，则必须使用 ce que，如：

- Je me demande **ce qui** se passe. 我寻思发生了什么。
- Dites-moi **ce que** coûte ce livre. 告诉我这本书多少钱。

3. quoi 用于间接疑问句，有以下两种情形：
1) 形式不变，如：

- Je sais **à quoi** je dois m'en tenir. 我知道自己该怎么办。

2) 如果作实质主语，quoi 则改为 ce que，如：

- Dites-moi **ce qu'**il y a de nouveau dans ce journal.
  告诉我，这份报纸上有什么新消息。

4. lequel 可用于间接疑问句中，如：

- Je ne sais **lequel** d'entre vous veut faire un exposé.
  我不知道你们中有谁愿意做口头发言。

第七节　泛指代词

泛指代词：不定代词，所代替的词并不是确定的人或事物，在句中的作用与所替代的名词相同。

一、泛指代词的类别：

替代名词,但并不确指	un, certains, quelqu'un, quelque chose, on, quiconque, tel, même, autre, autrui
数量不确定	quelques-uns, tout, tout le monde, chacun, plusieurs, nul, aucun, pas une personne, rien
与相应的泛指形容词形式相同	tel, même, autre, tout, nul, aucun, pas un
有词形变化的	un, certains, chacun, quelqu'un, tel, même, autre, tout, nul, aucun

二、泛指代词的用法

1. 泛指代词 un 的用法

un 既是阳性单数形式的不定冠词,又是数词,也是泛指代词;作为泛指代词,后面接有以介词 de 引导的补语或与副代词 en 合用,如：

- C'est **un** des livres qu'il aime bien.
  这是他喜欢的那些书里的其中一本。
- En voilà **un** qui déteste ce travail. 讨厌这项工作的人,这里就有一个。

注意：

1) un 可以有性数变化,也可以和另一个泛指代词 autre 构成固定搭配 l'un... l'autre,同样也有性数变化,表示"一个……另一个……",如：

- **L'un** s'amuse, alors que **l'autre** travaille.
  一个在玩耍,另一个在工作。
- Dans la classe, **les uns** sont attentifs, **les autres** distraits.
  教室里,有的人聚精会神,有的人心不在焉。

2) un 也可以表示相互含义,放在同个句子中,前者作主语的同位语,而后者作直接宾语或间接宾语的同位语,表示"彼此,相互",如：

- Ils se méfient **les uns des autres.** 他们彼此都不信任。
- Ils parlent **les uns aux autres.** 他们互相交谈。

2. 泛指代词 certains, certaines 的用法

书面语中常使用的泛指代词,表示"某些",如：

1) 代替前面已经提到的或后面补语已经明确的人或物,如：

- Parmi les gens, **certains** ne l'aiment pas.

在这些人当中,有些人并不喜欢他。
- **Certaines** d'entre les filles préfèrent passer leurs vacances au bord de la mer. 这些女孩子当中,有些人更愿意在海边度假。

2) 如果不提到具体的名词,只能使用阳性复数形式 certains,指人,如:
- **Certains** disent qu'on laisse passer les voyageurs sans bagages. 有人说,不带行李的旅客可以通过。

3. 泛指代词 quelqu'un 的用法

1) 笼统指"某人,一个人",如:
- Il y a **quelqu'un** dans la classe maintenant? 现在教室里还有人吗?
- Dans l'ensemble tout le monde est content, sauf **quelques-uns**. 总的说来,大家都很满意,只有几个人除外。

2) quelqu'un 阳性单数表示"要人,有地位者",只能作表语,如:
- Vous pouvez lui faire confiance, c'est **quelqu'un** de très honnête. 您可以信赖他,他是个非常正直的人。

3) quelqu'un 如果后加形容词,必须带上介词 de,且形容词必须使用阳性形式,如:

quelqu'un **d'honnête**(正直的人)   quelqu'un **de sympa**(热情的人)

4. 泛指代词 quelque chose 的用法

quelque chose 只有一种形式,指不确定的事或物,如:
- Il reste **quelque chose** à manger? 还有吃的东西吗?
- Quelqu'un vous a apporté **quelque chose**. 有人给你带来了一点东西。
- Il espère **quelque chose** qui puisse le sortir d'embarras.
他希望发生奇迹,好让他摆脱困境。

注意:quelque chose 和其他泛指代词一样,后接形容词时,中间必须使用介词 de,如:
- Il s'est passé quelque chose **d'extraordinaire**. 发生了不寻常的事。

5. 泛指代词 on 的用法

泛指代词 on 具有作主语的人称代词的一切特点;用途为最广泛,几乎可以替代所有的主语人称代词;后面使用谓语动词的第三人称单数形式。

1) 指某人,如:
- **On** apprend à hurler avec les loups.

跟狼在一起,就会学号叫。近朱者赤,近墨者黑。
- **On** prend un taxi car on n'est pas proche de l'école.
  因为离学校很远,所以就乘出租车。

2) 指一般人,所有人,往往用于格言、箴言,如:
- Dans la vie, **on** a ses peines et ses joies. 生活有悲也有喜。
- **On** ne peut pas être à la fois au four et au moulin.
  顾得了炉子,顾不了磨坊(一心不能二用)。

注意:

1) on 在 et, ou, si, que, où 后面或在句首时可以加上赘词 l',只是为了发音的方便,没有其他任何含义,如:
- Je ne sais pas ce que **l'on** doit faire pour la suite.
  我不知道接下来该做什么。
- On riait et **l'on** se battait. 人们嬉笑着,互相打闹。

2) 当谓语不止一个时,on 必须重复,如:
- **On** crie, **on** rit, **on** se démène, **on** s'amuse.
  人们喊着,笑着,闹着,玩耍着。

6. 泛指代词 quiconque 的用法:既是关系代词,也是泛指代词,做泛指代词时,表示"无论谁",如:
- **Quiconque** a beaucoup voyagé sait comme les heures de repas sont variables. 常出门远行的人就知道,不同的地方有不同的吃饭时间。
- Je ne parle pas à **quiconque** de cette mauvaise nouvelle.
  我不会把这个坏消息告诉别人。

7. 泛指代词 tel 的用法

1) 指人时,只能用单数,表示"有人",这种用法比较文雅,多出现在书面语中,如:
- **Tel** critique son voisin qui ferait mieux de le prendre pour modèle.
  批评邻居的人,最好向邻居学习。

2) un tel 表示"某某",代表专有名词,如:
- On nous présente **monsieur un tel** (ou **madame une telle**).
  人们把某某先生/夫人介绍给我们。

8. 泛指代词 même 的用法:有性数变化,指前面提到的人或物,前面必须带有定冠词 le，la，les，如：

- Cela revient **au même**. 换汤不换药。
- Ce n'est pas **le même**. 这不是一码事。

9. 泛指代词 autre 和 autrui 的用法

1) autre 有性数变化，前面必须带有冠词，如：

- Je n'aime pas ce livre, pourriez-vous me donner un autre?
  我不喜欢这本书，您能给我另一本吗？

2) l'un / les uns, l'autre / les autres 的搭配使用，我们在上文已详细讲过，不再重复。

3) d'autres 指其他一部分人或事，可以单用，也可以和其他代词配合使用，如：

- Veuillez vous adresser à **d'autres**. 请向其他人咨询。
- Les uns ont chanté, d'autres ont dansé, d'autres n'ont rien fait.
  有些人唱歌，有些人跳舞，有些人什么也没有做。

4) autrui 的用法：指人，不能作主语，只能在介词之后出现，一般出现在书面语中，如：

- Il ne faut pas baser son bonheur sur le malheur d'**autrui**.
  不应该把自己的欢乐建立在别人的痛苦之上。
- Il convoite constamment le bien d'**autrui**. 他一向觊觎别人的财产。

10. 泛指代词 tout，tous，toutes 的用法

1) Tout 为中性泛指代词，只能指物，表示"一切，所有的东西"，如：

- **Tout** va bien. 一切顺利。
- C'est **tout** pour aujourd'hui. 今天就到此为止。
- **Tout** est vendu：chaises, tables, lits.
  所有的东西都卖出去了：椅子、桌子和床。

2) tous，toutes 代替前面提到的名词，且表示"一切人"，如：

- Nous avons **tous** des défauts, c'est normal.
  人人都有缺点，这是正常的。
- Elles sont **toutes** belles. 她们都很漂亮。

这两个泛指代词也可以单独使用，表示"大家，所有人"，如：

- **Tous** sont arrivés en France sain et sauf. 所有人都平安地到了法国。

- Il s'oppose à **tous**. 他反对所有人。

3）tout le monde 是集体泛指代词，表示"大家"，只用单数形式，如：

- **Tout le monde** va comprendre après votre explication.
  您解释过之后，大家都会明白。
- **Tout le monde** a le droit de chercher le bonheur.
  人人都有追求幸福的权利。

注意：

1）tout 作直接宾语时，当谓语为简单时态，则放在谓语后面；如果谓语为复合时态，则放在助动词和过去分词之间，如：

- Vous avez **tout** compris? 你们都明白了吗？
- Vous comprenez **tout**? 你们都明白吗？

2）tout 如果作动词不定式的直接宾语，则放在不定式之前；如果不定式带有间接宾语人称代词，则放在间接宾语人称代词之前，如：

- Nous devons **tout** leur dire. 我们必须把这事告诉他们。
- Il croit **tout** savoir, masi en réalité, il ne sait rien.
  他自认为无所不知，而实际上一无所知。

11. 泛指代词 chacun, chacune 的用法：只有单数形式，指全体中的每个人；也可以单独使用，表示"人人"。

1）全体中的每个人，如：

- Les filles portent **chacune** une belle robe. 女孩都穿着漂亮的裙子。
- **Chacun** d'entre vous doit me poser une question.
  你们中的每个人都必须给我提个问题。

2）单独使用，如：

- **Chacun** son goût. 各有所好。
- A **chacun** selon son mérite. 按劳分配。
- Donnez à **chacun** un manuel. 给每个人发一本教材。

12. 泛指代词 plusieurs 的用法：只有复数形式，表示两个以上不确指的人或物，如：

- Je n'ai pas encore choisi ma voiture. Il y en a **plusieurs** que j'aime beaucoup. 我还没有确定买哪部车子，因为有好几部我都很喜欢。
- Venez nous aider à pousser la voiture; à **plusieurs**, ce sera plus facile. 过来帮我们推一下车，几个人一起推要容易得多。

13. 否定泛指代词 nul, nulle, aucun, aucune, pas un 的用法
1) nul, nulle 能作主语, 只有单数形式, 如:

- **Nul** n'échappe à cette loi. 没有人能逃脱这项法律。
- **Nulle** d'entre ces femmes-ci ne peut l'aider.
  这些女人中没有一个能帮他。

2) aucun, aucune 和 chacun, chacune 是对应的一对泛指代词, 前者表否定, 而后者表肯定, 如:

- Je ne sais **aucune** de ces langues. 这些语言中没有哪门是我懂的。
- Il n'en est venu **aucun**. 一个人也没有来。
- Elles vous écoutent, **aucune** ne vous comprend!
  她们听你说, 但谁也没有听懂。
- Nous avons bien fait ce travail, mais **aucune** n'est pour nous.
  我们顺利地完成了这项工作, 可是没有人站在我们这边。

3) pas un 的语气最强, 如:

- Il est paresseux comme **pas un**. 他比谁都要懒。
- **Pas un** ne veut y aller. 没有一个人愿意去那儿。

14. 否定泛指代词 personne 和 rien 的用法
1) personne 是对 quelqu'un 进行否定, 只有单数形式, 表示"没有一个人", 如:

- Il n'y a **personne** dans la classe. 教室里空无一人。
- **Personne** ne veut sortir. 没有人想出去。

2) rien 是对 quelque chose 的否定, 也只有单数形式, 表示"没有任何东西", 如:

- Il n'y a **rien** sur la table. 桌子上空空如也。
- Qui ne risque **rien** n'a **rien**. 不入虎穴, 焉得虎子。
- On ne voit **rien** ici. 我们在这里什么都看不见。

3) rien 和 personne 后面都可以加上形容词, 但中间必须加介词 de, 且形容词必须使用阳性单数形式, 如:

- Je ne trouve **personne** de compétent ici.
  我在这儿没有找到一个有能力的人。
- Il n'y a **rien** d'impossible. 没有办不到的事。

4) rien 和 personne 也都可以作名词使用, 前者表示"一件小事", 后者表

示"一个人",如：

- C'est une **personne** sérieuse. 这个人很严肃。
- On ne peut pas perdre le temps à des **riens**.
  我们不能把时间浪费在鸡毛蒜皮的小事上。

第七章 动 词

第一节 动词的种类

法语的动词从搭配结构看,可分为及物动词、不及物动词和代动词三类;从动词的主语来看,又可分为人称动词和无人称动词;从动词的功能上看,可分为独立动词和辅助动词(又称助动词)。

一、及物动词

及物动词是最常见的一种动词,表示动作施加到另一个人或物的身上,通常又可分为直接及物动词和间接及物动词,前者与宾语之间不用加任何介词,而后者必须先加上介词,再加宾语。

1. 直接及物动词

直接及物动词的宾语叫直接宾语,二者之间不用加介词,如:

- Je n'**aime** pas la grammaire. 我不喜欢语法。
- Je **suivais** à pied le rivage de la Méditerranée. Tout à coup j'**aperçus** quelques villas, quatre ou cinq seulement, au pied d'une montagne. (D'après Maupassant, Julie Romain)
  我徒步走在地中海的海边。突然,山脚下四五座别墅映入我的眼帘。

2. 间接及物动词

间接及物动词的宾语被称为间接宾语,两者之间必须使用介词连接,如:

- Je **pense à** ma mère. 我想念母亲。
- Vous pouvez **demander à** M. Wang sur ce problème.
  就这个问题,你可以请教王先生。
- Tu **manques d'**imagination. 你缺乏想象力。
- Je **doute de** son succès. 我对他的成功深表怀疑。

注意:某些及物动词兼有直接及物和间接及物两种功能,但在词义上有细微差别,如:

- Il **aime** se promener. 他喜欢散步。
- Il **aime à** se promener. 他希望去散步。

- Il **a manqué** le train. 他错过了火车。
- Il **manque d'**imagination. 他缺乏想象力。

二、不及物动词

不及物动词不能接宾语；但可以有状语，如：

- Ces gens-là **sont arrivés**. 那些人到了。
- Il **est venu** pour m'expliquer ce qui **s'était passé**.
  他来这儿是为了向我解释发生的事。
- Elle **vient** de France. 她来自法国。

注意：某些动词兼有及物和不及物两种功能，但意义不同，如：

- Je **ferme** la fenêtre. 我关上窗子。
- Cette fenêtre **ferme** mal. 这个窗子关不好。
- Il est déjà **sorti**. 他已经出去了。
- Il **a sorti** un livre de son sac. 他从包里拿出了一本书。
- Nous **passons** la frontière. 我们穿越边境。
- Cette scène ne **passe** pas. 这个场景不行。

三、代词式动词

带有自反人称代词的动词称为代词式动词。代词式动词中的自反人称代词，按照不同的情况在句子中作直接宾语或间接宾语。代词式动词中的 se 按其意义可分为四类：自反意义、相互意义、被动意义和绝对意义。

1. 自反意义

表示代动词所表示的动作施于主语本身，自反代词可能是直接宾语，也可能是间接宾语，有"自己的"之意。如：

- La société chinoise ne pourrait **se développer** davantage sans que soit réformé l'ancien système économique.
  如果旧的经济体制不革新，中国社会就不会有进一步的发展。
- Elle **se regarde** dans la glace. 她照镜子。
- Il **s'essuie** le visage. 他擦脸。

2. 相互意义

表示几个动作施加者的相互作用，主语为复数名词或代词，on 也可以做主语，自反人称代词和自反意义中的代词一样，必须按照不同的情况区分，可以是直接宾语，也可以是间接宾语，有"相互"之意。如：

- On **s'écrit** tous les ans. 我们每年都通信。

- Ils **se sont salués**. 他们互打了招呼。
- Les fillettes **se bousculaient**. 女孩子们互相推搡。

3. 被动意义

这类数量的代动词不多，只用于第三人称，主语一般仅限于指物的名词，其自反人称代词为直接宾语，有"被动"之意。如：

- Les billets de ce film **se vendent** bien. 这部电影的门票十分热销。
- Cette opération **s'est fait** mal. 这次行动搞砸了。

4. 绝对意义

真正意义上的自反代词，不做宾语，没有任何语法作用，se 不表示任何意义。如：

- Les hirondelles **s'envolent**. 燕子飞了起来。
- La mère **s'occupe** des enfants. 母亲照顾孩子。

注意：如果代动词前面已经出现了动词 faire，则自反人称代词可以省略；如果代动词前出现 envoyer, laisser, mener, emmener 等动词，自反人称代词也往往会省略，如：

- Un coup de tonnerre **a fait envoler** tous les oiseaux.
  一个惊雷吓飞了所有的鸟儿。
- Je l'ai **fait asseoir**. 我让他坐下。

四、无人称动词

无人称动词是法语中一类特殊的现象，以中性代词 il 为主语，成为无人称主语，动词只有第三人称单数形式。

1. 绝对无人称动词

只能做无人称动词，不能做其他用途；非常少见，几乎只有 falloir（应当）一词，如：

- **Il** vous **faut** deux vérins pour monter cette machine.
  要安装这台机器，你们还必须使用两个千斤顶。

2. 相对无人称动词可分为两类：一类是表自然现象的动词，主要用于无人称形式，在有人称形式中使用时当引申义讲；另一类原来是人称形式动词，但也用于无人称形式。

1) 表示自然现象的动词，如 pleuvoir, geler, tonner, neiger, grêler 等。

- **Il pleut** aujourd'hui. 今天下雨。
- **Il a neigé** toute la nuit. 雪下了整整一夜。

2) 从人称动词借来的无人称动词,如 faire, être, avoir,分别构成 il fait, il est, il y a 等用法,如:

- **Il fait** beau / jour / nuit / mauvais / du soleil.
  天气很好/天亮了/天黑了/天气很糟/出太阳了。
- **Il est** midi / minuit / dix heures.
  现在是中午12点/午夜12点/10点。
- **Il y a** des livres sur la table. 桌上有一些书。

注意:
1) il est 在书面语中可以取代 il y a,表示"有"的意思,用于比较文雅的语言,如:

- **Il est** des livres sur la table. 桌子上有些书。

2) 还有一些不及物动词如:arriver(到达), venir(来), passer(经过), exister(存在), manquer(缺少), suffire(足够), tomber(落下), rester(停留), importer(要紧)等与无人称代词 il 可以组成无人称句型,il 作形式主语,动词后的名词才是实质主语,如:

- **Il est arrivé** quelqu'un en son absence. 有人在他缺席的时候来了。
- **Il reste** beaucoup de livres à lire. 还有许多书要看。
- **Il existe** des problèmes sous-jacents à résoudre.
  还有一些潜在的问题要处理。

3) 某些代动词如:se produire, se passer, s'agir 等,也可以与中性代词 il 一起构成无人称句型,而且往往含有被动含义,如:

- **Il s'est passé** un accident au carrefour. 十字路口出了一起交通事故。
- **Il s'agit** de la nationalité de cet homme. 涉及那个人的国籍问题。

五、助动词

助动词是起辅助作用的动词,法语中只有两个:avoir 和 être,它们与动词的过去分词结合使用,表达不同的时态和语态。

法语中还有半助动词,如 aller, venir, devoir, pouvoir, faire 等,与动词的不定式配合使用,表达不同的时态或语态。

1. 助动词 avoir

avoir 与过去分词配合使用,构成所有及物动词和大部分不及物动词的复合时态,如:

- Nous **avons passé** une bonne soirée. 我们过了一个愉快的夜晚。

- On nous **avait servi** des petits pois de conserve. 有人请我们吃了青豆罐头。
- Il **a sorti** un bon livre de son sac. 他从包里拿出了一本好书。
- Il **a été** professeur de fançais il y a 5 ans. 他五年前当过法语老师。

2. 助动词 être

1) 与少数表示位置移动或状态变化的不及物动词的过去分词一起使用，构成复合时态，如：

- Les étudiants français **sont** déjà **arrivés**. 法国学生已经到达。
- Les alpinistes **seraient parvenus** jusqu'à ce col.
  登山运动员可能已经达到山口。

2) 与代动词的过去分词一起使用，构成代动词的复合时态，如：

- Je ne sais pas ce qui **s'est passé**. 我不知道究竟发生了什么。
- Sans le guide, il **se serait égaré** dans la forêt.
  如果没有指南，他可能早就迷失在森林里。

3) 与及物动词的过去分词一起使用，构成该动词的被动态，如：

- Cette politique **est soutenue** par de nombreux étudiants.
  这项政策得到了广大学生的支持。
- Ce tableau **est acheté** par un inconnu. 这幅画被一个陌生人买走了。

注意：少数不及物动词在构成复合时态时，如果强调动作，则用 avoir 做助动词；如果强调状态，则用 être 做助动词，试比较：

- Il **a** disparu. 他失踪了。
  Il **est** disparu. 他已经失踪。
- Le roman **a** paru. 小说出版了。
  Le roman **est** paru. 小说已经出版。

像这一类的不及物动词还有 changer(改变)、vieillir(变老)、rajeunir(变年轻)、baisser(降低)、augmenter(增高)、dégénérer(退化)、empirer(变质)、déménager(搬家)等。

3. 半助动词

1) 半助动词 aller 的直陈式现在时加上不定式构成最近将来时；其直陈式未完成过去时加上不定式构成过去最近将来时，如：

- Il **va partir** pour la France. 他将前往法国。
- J'**allais me promener** vers l'une des forêts voisines.

我去附近的一个森林里散步。

2）半助动词 venir 的直陈式现在时后加介词 de，再加动词不定式组成最近过去时；其直陈式未完成过去时加上不定式构成过去最近过去时，如：

- Je **viens de finir** mes devoirs. 我刚刚完成作业。
- Nicolas **venait d'acheter** une machine à laver.
  尼古拉刚买了一台洗衣机。

3）半助动词 devoir（应该），pouvoir（能够），vouloir（想要），savoir（会），如：

- Nous **ne faisons que de sortir** quand l'orage éclate.
  我们刚出去，暴风雨就来了。
- Je **peux** vous **donner** des documents sur cette compagnie.
  我可以把这家公司的资料给您。

4. laisser/faire＋动词不定式

- Il faut faire venir un médecin.
  应该请一个医生。（venir 不是及物动词，不需要 par 引导）
- Je fais lire une lettre par ma soeur cadette.
  我让我的妹妹读一封信。（par 引导施动者）
- Le président Hu Jintao a fait faire une visite officielle en Chine par Obama.
  胡锦涛主席已经请奥巴马来中国正式访问。（faire faire 之间不能有其他成分）
- Ils m'ont laissé partir. 他们让我离开了。
- Nous avons laissé Paul partir.
  我们让保尔走了。（laisser faire 之间可以有其他成分）
- Il me laisse m'asseoir de nouveau. 我让他重新坐下。
- Elle me fait(me)lever très tôt tous les jours.
  她让我每天起得很早。（faire＋代动词，可以省略 se）

第二节 动词的语态

法语的动词有两种语态：主动态和被动态。

一、主动态

主语是动作的发出者，动词用主动态，如：

- On **vient** de vendre cette voiture. 人家刚把这辆车卖了。
- La peur **paralysait** la jeune fille. 害怕的情绪使女孩瘫痪了。
- Le chat **attrape** la souris. 猫追老鼠。
- L'université **va** fermer la piscine. 学校将关闭游泳池。

二、被动态

主语为动作的受动者时，动词用被动态，如：

- Il **est accablé** par le lourd fardeau qu'il porte.
  他被自己所肩负的重担压垮了。
- Il **a été grondé** par sa mère. 他被妈妈责备了。

1. 被动态的构成

助动词 être 的各种语式和时态加上动词的过去分词，过去分词必须和主语的性数保持一致，如：

- La bouteille **a été remplie** de vin par Pierre.
  这个瓶子被皮埃尔装满了葡萄酒。
- Ces appareils **ont été fabriqués** par nos ouvriers.
  这些机器是我们工人生产的。

注意：被动态后面一般由介词 par 引出施动者，但如果表示状态，特别表示心理感情，则由介词 de 引导，如：

- Haï **des** uns, craint **des** autres, il n'était chéri **de** personne.
  他不是被人怨恨，就是令人生畏，从没有得到过任何人的爱。
- L'enfant a été saisi **de** peur. 孩子恐惧万分。
- Ce professeur **est aimé et respecté** de beaucoup de monde.
  很多人都非常爱戴和尊敬这位老师。

2. 与系词 être 具有相同作用的词，如 paraître, demeurer, rester, sembler, se voir, se trouver 等，也可以与及物动词的过去分词构成被动态，如：

- L'enfant **paraît calmé** par cette potion.
  孩子服了药水后，似乎安静了下来。

3. 可以用代词式动词表示被动态，主语是受动者，但一般只用于第三人称，而且施动者没有必要提及，如：

- Ses premiers tableaux **se vendent** bien. 他最初的几幅画卖得不错。

4. 系词＋介词＋及物动词的不定式，也可以表达被动概念，如：

- Tout **est à refaire**. 一切都要重来。
- Ce livre **reste à écrire**. 这本书还有东西可写。

注意：主动态转换为被动态的限制

1) 在标准被动态中，即 être 加上过去分词的情况下，不宜使用非生物名词做主语，也不宜使用有生命的名词做施动者，如：

Ce roman est lu par **Louis**.
这本小书被路易看完了。（该句式很少见，不宜使用）

2) 被动态一般不使用人称代词作为施动者，但可以使用名词或一个人称代词加一个名词的结构作为施动者，如：

- La porte est fermée par **lui**. 门被他关上了。（不宜使用）
- La porte est fermée par **Xiaoming**. 门被小明关上了。（可以使用）
- La porte est fermée par **lui** et non par **son frère**.
  门是被他关上了，而不是被他哥哥关上了。（可以使用）

3) 在由代词式动词构成的被动态中，不能有施动者出现，如：

La tour se voit loin **par nous**.
这塔老远就被我们看到了。（这句话是错误的）

第三节　动词变位

法语的动词用作谓语时，应根据主语的人称以及上下文的要求变化词形，动词的词形变化称为动词变位。

一、动词的人称

法语的变位动词有第一、第二、第三人称和单、复数之分，见下表：

人称	单数	复数
第一人称	je	nous
第二人称	tu	vous
第三人称	il / elle	ils / elles

二、动词的语式和时态

1. 六种语式：

1) 人称语式：直陈式、命令式、条件式、虚拟式

2) 非人称语式:不定式、分词式
2. 三类时态:简单时态、复合时态、超复合时态

具体见下表:

语式	简单时态	复合时态
直陈式	现在时 未完成过去时 简单过去时 简单将来时 最近将来时 最近过去时 过去最近将来时 过去最近过去时	复合过去时 愈过去时 先过去时 先将来时
命令式	现在时	过去时
条件式	现在时	过去时第一式 过去时第二式
虚拟式	现在时 未完成过去时	过去时 愈过去时
不定式	现在时	过去时
分词式	现在时 过去时	复合过去时

四、动词的分组

法语里的所有动词可分为三组,第一、第二组为规则动词,有固定的变位规则,第三组为不规则动词,有各自不同的变位方式,但同一词根的词也有一定的规则。

1) 第一组:

以-er 结尾,直陈式现在时变位时,去掉词末的-er,分别加上-e, -es, -e, -ons, -ez, -ent,典型动词是:parler, aimer。

2) 第二组:

以-ir 结尾,直陈式现在时变位时,去掉词末的-ir,分别加上-is, -is, -it, -issons, -issez, -issent,典型动词是:finir, choisir。

3) 第三组,

以其词尾的不同可大致分为五类,需要分别记忆其特殊的变位方式:

1) 以-er 结尾的动词:aller, envoyer
2) 以-ir 结尾的动词:ouvrir, dormir

3）以-oir 结尾的动词：vouloir, pouvoir, recevoir, voir
4）以-re 结尾的动词：rendre, prendre, entendre, attendre
5）avoir 和 être

五、动词 avoir 和 être 的变位：这两个动词在使用中出现的频率最高。

1. avoir 的变位

直陈式

现在时	j'ai tu as il a nous avons vous avez ils ont	复合过去时	j'ai eu tu as eu il a eu nous avons eu vous avez eu ils ont eu
未完成过去时	j'avais tu avais il avait nous avions vous aviez ils avaient	愈过去时	j'avais eu tu avais eu il avait eu nous avions eu vous aviez eu ils avaient eu
简单过去时	j'eus tu eus il eut nous eûmes vous eûtes ils eurent	先过去时	j'eus eu tu eus eu il eut eu nous eûmes eu vous eûtes eu ils eurent eu
简单将来时	j'aurai tu auras il aura nous aurons vous aurez ils auront	先将来时	j'aurai eu tu auras eu il aura eu nous aurons eu vous aurez eu ils auront eu

命令式

现在时	aie ayons ayez	过去时	aie eu ayons eu ayez eu

条件式

现在时	j'aurais tu aurais il aurait nous aurions vous auriez ils auraient	过去时	j'aurais eu tu aurais eu il aurait eu nous aurions eu vous auriez eu ils auraient eu

虚拟式

现在时	que j'aie que tu aies qu'il ait que nous ayons que vous ayez qu'ils aient	过去时	que j'aie eu que tu aies eu qu'il ait eu que nous ayons eu que vous ayez eu qu'ils aient eu
未完成过去时	que j'eusse que tu eusses qu'il eût que nous eussions que vous eussiez qu'ils eussent	愈过去时	que j'eusse eu que tu eusses eu qu'il eût eu que nous eussions eu que vous eussiez eu qu'ils eussent eu

不定式

现在时	avoir	过去时	avoir eu

分词式

现在时	ayant	过去时	ayant eu

2. être 的变位

直陈式

现在时	je suis tu es il est nous sommes vous êtes ils sont	复合过去时	j'ai été tu as été il a été nous avons été vous avez été ils ont été
未完成过去时	j'étais tu étais il était nous étions vous étiez ils étaient	愈过去时	j'avais été tu avais été il avait été nous avions été vous aviez été ils avaient été
简单过去时	je fus tu fus il fut nous fûmes vous fûtes ils furent	先过去时	j'eus été tu eus été il eut été nous eûmes été vous eûtes été ils eurent été
简单将来时	je serai tu seras il sera nous serons vous serez ils seront	先将来时	j'aurai été tu auras été il aura été nous aurons été vous aurez été ils auront été

命令式

现在时	sois soyons soyez	过去时	aie été ayons été ayez été

条件式

现在时	je serais tu serais il serait nous serions vous seriez ils seraient	过去时	j'aurais été tu aurais été il aurait été nous aurions été vous auriez été ils auraient été

虚拟式

现在时	que je sois que tu sois qu'il soit que nous soyons que vous soyez qu'ils soient	过去时	que j'aie été que tu aies été qu'il ait été que nous ayons été que vous ayez été qu'ils aient été
未完成过去时	que je fusse que tu fusses qu'il fût que nous fussions que vous fussiez qu'ils fussent	愈过去时	que j'eusse été que tu eusses été qu'il eût été que nous eussions été que vous eussiez été qu'ils eussent été

不定式

现在时	être	过去时	avoir été

分词式

现在时	étant	过去时	ayant été

六、第一组动词变位：parler

直陈式

现在时	je parle tu parles il parle nous parlons vous parlez ils parlent	复合过去时	j'ai parlé tu as parlé il a parlé nous avons parlé vous avez parlé ils ont parlé
未完成过去时	je parlais tu parlais il parlait nous placions vous parliez ils parlaient	愈过去时	j'avais parlé tu avais parlé il avait parlé nous avions parlé vous aviez parlé ils avaient parlé
简单过去时	je parlai tu parlas il parla nous parlâmes vous parlâtes ils parlèrent	先过去时	j'eus parlé tu eus parlé il eut parlé nous eûmes parlé vous eûtes parlé ils eurent parlé
简单将来时	je parlerai tu parleras il parlera nous parlerons vous parlerez ils parleront	先将来时	j'aurai parlé tu auras parlé il aura parlé nous aurons parlé vous aurez parlé ils auront parlé

命令式

现在时	parle parlons parlez	过去时	aie parlé ayons parlé ayez parlé

条件式

现在时	je parlerais tu parlerais il parlerait nous parlerions vous parleriez ils parleraient	过去时	j'aurais parlé tu aurais parlé il aurait parlé nous aurions parlé vous auriez parlé ils auraient parlé

虚拟式

现在时	que je parle que tu parles qu'il parle que nous parlions que vous parliez qu'ils parlent	过去时	que j'aie parlé que tu aies parlé qu'il ait parlé que nous ayons parlé que vous ayez parlé qu'ils aient parlé
未完成过去时	que je parlasse que tu parlasses qu'il parlât que nous parlassions que vous parlassiez qu'ils parlassent	愈过去时	que j'eusse parlé que tu eusses parlé qu'il eût parlé que nous eussions parlé que vous eussiez parlé qu'ils eussent parlé

不定式

现在时	parler	过去时	avoir parlé

分词式

现在时	parlant	过去时	ayant parlé

注意：

1) 以-cer，-ger 结尾的动词(placer，commencer，manger 等)在变位的时候，字母 c 在 a，o 前应改为 ç；字母 g 在 a，o 前应改为 ge，除此之外，其他形式与第一组动词的变位方式相同，如：

直陈式	placer		manger	
现在时	je place tu places il place	nous plaçons vous placez ils placent	je mange tu manges il mange	nous mangeons vous mangez ils mangent
未完成过去时	je plaçais tu plaçais il plaçait	nous placions vous placiez ils plaçaient	je mangeais tu mangeais il mangeait	nous mangions vous mangiez ils mangeaient
简单过去时	je plaçai tu plaças il plaça	nous plaçâmes vous plaçâtes ils placèrent	je mangeai tu mangeas il mangea	nous mangeâmes vous mangeâtes ils mangèrent

2）以 -oyer，-uyer 结尾的动词（employer，nettoyer，appuyer 等）在变位的时候，字母 y 在哑音 e 前应改为 i，除此之外，其他形式与第一组动词的变位方式相同，而以 -ayer 结尾的动词（payer 等）可改也可以不改，如：

直陈式	employer		payer	
现在时	j'emploie tu emploies il emploie	nous employons vous employez ils emploient	je paie tu paies il paie je paye tu payes il paye	nous payons vous payez ils paient nous payons vous payez ils payent
简单将来时	j'emploierai tu emploieras il emploiera	nous emploierons vous emploierez ils emploieront	je paierai tu paieras il paiera je payerai tu payeras il payera	nous paierons vous paierez ils paieront nous payerons vous payerez ils payeront

3）以 e 或 é＋单辅音字母＋er 结尾的动词在变位的时候，如果后面的音节也是哑音 e，就要把 e 或 é 改为 è。

不定式		lever	répéter
直陈式	现在时	je lève tu lèves il lève ils lèvent	je répète tu répètes il répète ils répètent
	简单将来时	je lèverai tu lèveras il lèvera nous lèverons vous lèverez ils lèveront	je répéterai tu répéteras il répétera nous répéterons vous répéterez ils répéteront
条件式	现在时	je lèverais tu lèverais il lèverait nous lèverions vous lèveriez ils lèveraient	je répéterais tu répéterais il répéterait nous répéterions vous répéteriez ils répéteraient
虚拟式	现在时	que je lève que tu lèves qu'il lève qu'ils lèvent	que je répète que tu répètes qu'il répète qu'ils répètent
命令式	现在时	lève	répète

4) 以-eler, -eter 结尾的动词在变位的时候,字母 l, t 在哑音 e 前,应变为 ll, tt。但有少数动词例外,不需要重复 l 或 t,而是把这两个字母前的 e 改为 è,如 acheter, épousseter, geler, peler, modeler 等,如:

不定式		appeler	jeter	acheter
直陈式	现在时	j'appelle tu appelles il appelle ils appellent	je jette tu jettes il jette ils jettent	j'achète tu achètes il achète ils achètent
	简单将来时	j'appellerai tu appelleras il appellera nous appellerons vous appellerez ils appelleront	je jetterai tu jetteras il jettera nous jetterons vous jetterez ils jetteront	j'achèterai tu achèteras il achètera nous achèterons vous achèterez ils achèteront

续表

条件式	现在时	j'appellerais tu appellerais il appellerait nous appellerions vous appelleriez ils appelleraient	je jetterais tu jetterais il jetterait nous jetterions vous jetteriez ils jetteraient	j'achèterais tu achèterais il achèterait nous achèterions vous achèteriez ils achèteraient
虚拟式	现在时	que j'appelle que tu appelles qu'il appelle qu'ils appellent	que je jette que tu jettes qu'il jette qu'ils jettent	que j'achète que tu achètes qu'il achète qu'ils achètent
命令式	现在时	appelle	jette	achète

七、第二组动词变位：finir

直陈式

现在时	je finis tu finis il finit nous finissons vous finissez ils finissent	复合过去时	j'ai fini tu as fini il a fini nous avons fini vous avez fini ils ont fini
未完成过去时	je finissais tu finissais il finissait nous finissions vous finissiez ils finissaient	愈过去时	j'avais fini tu avais fini il avait fini nous avions fini vous aviez fini ils avaient fini
简单过去时	je finis tu finis il finit nous finîmes vous finîtes ils finirent	先过去时	j'eus fini tu eus fini il eut fini nous eûmes fini vous eûtes fini ils eurent fini

续表

简单将来时	je finirai tu finiras il finira nous finirons vous finirez ils finiront	先将来时	j'aurai fini tu auras fini il aura fini nous aurons fini vous aurez fini ils auront fini

命令式

现在时	finis finissons finissez	过去时	aie fini ayons fini ayez fini

条件式

现在时	je finirais tu finirais il finirait nous finirions vous finiriez ils finiraient	过去时	j'aurais fini tu aurais fini il aurait fini nous aurions fini vous auriez fini ils auraient fini

虚拟式

现在时	que je finisse que tu finisses qu'il finisse que nous finissions que vous finissiez qu'ils finissent	过去时	que j'aie fini que tu aies fini qu'il ait fini que nous ayons fini que vous ayez fini qu'ils aient fini
未完成过去时	que je finisse que tu finisses qu'il finît que nous finissions que vous finissiez qu'ils finissent	愈过去时	que j'eusse fini que tu eusses fini qu'il eût fini que nous eussions fini que vous eussiez fini qu'ils eussent fini

不定式

| 现在时 | finir | 过去时 | avoir fini |

分词式

| 现在时 | finissant | 过去时 | ayant fini |

八、第三组动词的变位是不规则的，必须使用法汉字典熟悉相关动词的变位，继而推而广之。值得注意的是，这类动词可以根据词根大致分为五类有规则的变位，所以只需要掌握每一类中最有代表性的动词变位即可。

九、代动词的变位：代动词只不过比独立动词多了一个自反人称代词，所以其变位与单独动词的变位相同，只需注意自反人称代词的形式和位置：

- Il s'est lavé. 他洗澡了。
- Je ne me suis pas promené. 我没有散步。
- T'es-tu levé? 你起床了吗？
- Nous allons nous coucher à onze heures du soir.
  我们今晚11点睡觉。

注意：

1) 自反代词必须与主语进行人称的配合。

2) 在复合时态中，代词式动词以 être 作助动词，且自反代词放在助动词的前面。

3) 在复合时态中，当自反代词作动词的直接宾语时，或当代词式动词表示被动意义和绝对意义时，过去分词要与主语进行性数配合。

如 se lever 的直陈式现在时变位：

je me suis levé　　　　nous nous sommes levé(e)s
tu t'es levé　　　　　　vous vous êtes levé(e)(s)
il s'est levé　　　　　　ils se sont levés
elle s'est levée　　　　elles se sont levées

第四节　直陈式

直陈式表示主观上认为确实存在的情况或动作，或者就这类情况或动作提出疑问或否定。

直陈式的主要时态有：现在时、未完成过去时、简单将来时、复合过去时、愈过去时、先过去时、简单过去时、先将来时。

直陈式的次要时态为：最近将来时、最近过去时、过去将来时以及几种超复合时态。

一、直陈式现在时

直陈式现在时的构成较简单，可分三种情况：

1. 第一组动词去掉词尾-er，分别加上词尾-e，-es，-e，-ons，-ez，-ent。如动词 chanter：

je chante	nous chantons
tu chantes	vous chantez
il chante	ils chantent

2. 第二组动词去掉词尾-ir，分别加上词尾-is，-is，-it，-ssons，-ssez，-ssent，如动词 finir：

je finis	nous finissons
tu finis	vous finissez
il finit	ils finissent

3. 第三组动词是不规则动词，变位不太规则，如动词 écrire：

j'écris	nous écrivons
tu écris	vous écrivez
il écrit	ils écrivent

用法：

1. 表示说话者说话当时发生的动作或事情，如：

- Après ses achats, une dame **téléphone** à son amie pour lui dire ce qu'elle a vu et acheté.
  有位女士买了东西之后，打电话告诉女友自己看见了什么，买了什么。
- Il **monte** ses bagages jusqu'au cinquième. 他把行李一直搬到六楼。

2. 带有时间状语的情况下，表示延续时间较长或习惯性的动作及状态，如：

- Tous les dimanches du printemps, les Dupont **font** un pique-nique.
  春天里的每个星期天，杜邦一家都要出去野餐。
- Il **travaille** depuis hier soir. 他从昨晚起一直工作到现在。

3. 表示没有时间限制的客观真理，多用于成语、谚语、格言和警句等，如：

- Qui ne **risque** rien n'**a** rien. 不入虎穴，焉得虎子。
- Il ne savait pas que toute vérité n'**est** pas bonne à dire.

他不知道并非所有的真话都可以说。
- La Chine **se trouve** en Asie. 中国位于亚洲。

4. 直陈式现在时还有特殊的用法：
1）可以表示刚刚发生的动作，如：

- Il **sort** de son bureau parce qu'il ne veut pas la recevoir.
  他出了办公室，因为他不想接待她。
- Votre mère? Elle **quitte** à l'instant. 您的母亲？她刚刚才离开。

2）也可表示即将发生的事情，如：

- Mon père et mère **partent** pour la France demain.
  我的父母明天去法国。
- Courage! Dans une heure, nous **sommes** hors de danger!
  加油！一个小时后，我们就可以脱离危险啦！

3）在条件复合句中，由 si 引导的从句谓语使用直陈式现在时，实际上也表示即将做的事情，如：

- S'il **fait** beau demain, nous sortirons ensemble.
  如果明天天气好，我们就一起出去。

二、直陈式复合过去时

直陈式复合过去时由助动词 avoir / être 的现在时变位＋谓语动词的过去分词构成：

1）如果是助动词 avoir 的现在时变位＋过去分词，过去分词无须与主语作性数配合，如动词 parler：

j'ai parlé   nous avons parlé
tu as parlé   vous avez parlé
il a parlé   ils ont parlé

2）如果是助动词 être 的现在时变位＋过去分词，过去分词需与主语作性数配合，如动词 monter：

je suis monté(e)   nous sommes monté(e)s
tu es monté(e)   vous êtes monté(e)(s)
il est monté   ils sont montés
elle est montée   elles sont montées

3）过去分词的构成

第一组动词：去掉词尾-er，加上 é，如：rêver ⇒rêvé
第二组动词：去掉词尾-ir，加上 i，如：vertir ⇒verti

第三组动词的过去分词需要特别记忆,常见不规则动词的过去分词如下表:

动词不定式	过去分词
être	été
avoir	eu
fuir	fui
rire	ri
servir	servi
sortir	sorti
suivre	suivi
prendre	pris
mettre	mis
comprendre	compris
acquérir	acquis
asseoir	assis
dire	dit
conduire	conduit
écrire	écrit
faire	fait
offrir	offert
ouvrir	ouvert
attendre	attendu
rendre	rendu
répondre	répondu
paraître	paru
lire	lu
boire	bu
conclure	conclu
courir	couru
croire	cru

续表

tenir	tenu
vêtir	vêtu
déchoir	déchu
devoir	dû
falloir	fallu
pleuvoir	plu
plaire	plu
pouvoir	pu
recevoir	reçu
résoudre	résolu
savoir	su
vaincre	vaincu
valoir	valu
vivre	vécu
voir	vu
vouloir	voulu
naître	né
mourir	mort

用法：

直陈式复合过去时一般表示已完成的动作。

1. 表示目前已完成的动作，如：

- Je n'**ai** jamais **eu** l'occasion de visiter ce musée.
  我从来都没有机会参观这个博物馆。
- Je t'**ai acheté** des cerises. 我刚给你买了些樱桃。

2. 也可表示即将完成的动作，如：

- **Avez**-vous bientôt **fini** votre travail? 你们快完成了工作吗？
- Vous n'attendez pas longtemps, dans quelques minutes, j'**ai fini** ma besogne. 你们用不着等太久，几分钟后，我就完成工作了。

3. 助动词的选择（参见第一节第五点：助动词的用法）

1) 及物动词一般以 avoir 为助动词。

2) 少数表示位置移动或状态变化的不及物动词以 être 为助动词,这类动词有 naître(生), mourir(死), monter(上来), descendre(下去), tomber(落下), aller(去), venir(来), entrer(进来), sortir(出去), arriver(到达), partir(离开), rester(停留), demeurer(停留,保持), devenir(变成), passer(经过),等等。如:

- Dimanche dernier, Julie **est restée** à la maison toute la journée.
  上星期天,朱丽在家待了整整一天。
- Il **est tombé** par terre. 他摔了一跤。

3) 代词式动词以 être 为助动词,如:

- Je me **suis levé** à sept heures ce matin.
  今天早上,我七点钟就起床了。

4. 过去分词的性数变化

1) 非代词式动词以 être 为助动词时,过去分词必须与主语作性数配合,如:

- Marie n'est pas **venue** aujourd'hui parce qu'elle est malade.
  玛丽今天没有来,因为她病了。

2) 代词式动词的复合过去时,当自反代词作动词的直接宾语时,或当代词式动词表示被动意义和绝对意义时,过去分词要与主语进行性数配合,如:

- Paul est Caroline **se sont rencontrés** dans la rue hier après-midi.
  昨天下午,保尔和卡洛琳娜在路上相遇了。(自反代词作直接宾语)
- La petite fille **s'est lavé** les mains.
  小女孩洗了手。(自反代词作间接宾语,直接宾语是 les mains,因此过去分词不配合。)
- Sa mère partie, Catherine **s'est occupée** de son frère cadet.
  母亲走了之后,卡特琳娜照顾了小弟弟。(绝对意义)

当直接宾语提前时,过去分词要与提前的直接宾语作性数配合,如:

- **La voiture** qu'il a **achetée** hier est vraiment jolie.
  他昨天买的那辆车真漂亮。
- La lettre, je l'ai **mise** sur votre bureau.
  那封信,我放在您的办公桌上了。

三、直陈式未完成过去时

直陈式未完成过去时的构成,以现在时第一人称复数的变位为基础,去掉

其词尾-ons, 分别加上词尾-ais, -ais, ait, ions, iez, aient, 如:

parler	finir	vouloir
je parlais	je finissais	je voulais
tu parlais	tu finissais	tu voulais
il parlait	il finissait	il voulait
nous parlions	nous finissions	nous voulions
vous parliez	vous finissiez	vous vouliez
ils parlaient	ils finissaient	ils voulaient

注意: 动词 être 是例外, 变位形式如下:

j'étais　　　　　nous étions
tu étais　　　　 vous étiez
il était　　　　　ils étaient

用法:
1. 直陈式未完成过去时表示过去某一动作已经开始, 但仍然在延续, 可以说是过去时中的未完成体, 如:

- Il **neigeait** fort sur la grande route, elle **cheminait** encore.
  大路上雪花纷飞, 但她依然向前走。

2. 以表示过去时中未完成的动作或行为, 例如描写过去的动作、景色等, 如:

- La lune **se levait** à ras des flots, et sur la ville encore couverte de ténèbres, des points lumineux, des blancheurs **brillaient**... (Flaubert)
  城市仍然笼罩在黑暗中, 月亮从水面升起, 一些亮点和白光开始闪耀……

3. 表示过去习惯性的动作或行为, 如:

- Quand elle **allait** à la soirée, elle **s'habillait** avec soin.
  她每次参加晚会, 都要精心打扮。

4. 表示和另一过去动作同时发生的动作:
1) 如果两个动作都未完成, 则两个动词都用未完成过去时, 如:

- Les élèves **lisaient** quand l'institutrice **écrivait** des notes sur le tableau noir. 老师在黑板上写字的时候, 学生们看着书。

2) 如果一个动作尚未完成, 而另一个动作是一下子就完成的, 那么一个动作用未完成过去时, 另一个动作就用复合过去时或简单过去时, 如:

- Il mangeait quand je suis arrivé. 我来的时候，他正在吃饭。
- Les élèves **lisaient** quand l'institutrice entra.
  当老师刚进来的时候，学生们在读书。

5. 在以 si 引导的条件式从句中，主句用条件式现在时，表示可能发生的事情，但实际上没有发生，如：

- Si notre ville **se trouvait** au sud, elle serait toute différente.
  如果我们的城市在南方，面貌就会大不一样。

6. 在以 si 引导的独立句中，表示委婉的请求或希望，如：

- Si on **allait** se promener! 我们一起去散步吧！
- Si jeunesse **savait**, si vieillesse **pouvait**!
  如果年轻人有经验，老年人有精力，那该多好啊！

7. 以 avoir, venir, vouloir 等动词直陈式未完成过去时形式，加上动词后，就能够表示现在时中的委婉语气，如：

- Je **venais** vous demander la place de la secrétaire qui vient de démissionner. 您的秘书辞职了，我来是想谋求他空出来的职位。

四、直陈式愈过去时

直陈式愈过去时由助动词 avoir/être 的未完成过去时变位＋谓语动词的过去分词构成：

1) 如果是助动词 avoir 的未完成过去时变位＋过去分词，过去分词无须与主语作性数配合，如动词 parler：

j'avais parlé   nous avions parlé
tu avais parlé   vous aviez parlé
il avait parlé   ils avaient parlé

2) 如果是助动词 être 的未完成过去时变位＋过去分词，过去分词需与主语作性数配合，如动词 monter：

J'étais monté(e)   nous étions monté(e)s
tu étais monté(e)   vous étiez monté(e)(s)
il était monté   ils étaient montés
elle était montée   elles étaient montées

用法：

1. 直陈式愈过去时表示在一个过去的动作前发生的动作，与后面的动作间隔时间可长可短，如：

- Il a pu se payer ce voyage, parce qu'il **avait fait** des économies.
  他自己可以支付本次旅费，因为他之前存够了钱。
- Je savais que vous **aviez pris** une décision avant mon retour.
  我知道，你在我回来之前就已经做好决定。
- Le passant, qui n'**avait** rien **vu**, ne put fournir aucun renseignement.
  这个行人什么都没有看见，不能提供任何线索。

2. 与未完成过去时配合使用，表示过去常常发生的事情，如：

- Quand il **avait déjeuné**, il sortait. 吃完午饭，他总会出去走走。
- Chaque fois qu'il **avait mangé** un peu trop, il avait mal à l'estomac.
  每次只要他吃得多一点，就会感到胃痛。

3. 可以表示假设，指过去实际上并没有发生的动作，多用于以 si 引导的条件式过去时中，如：

- Si j'**avais voulu**, j'aurais réussi. 如果当时想干，我就成功了。

4. 可以表示惊叹语气，如：

- Ah! Si j'**avais su**！唉！要是我早点知道就好了！

五、简单过去时

直陈式简单过去时各个人称的词根均相同，其构成方式如下：

1) 第一组动词以及以-er 结尾的不规则动词，变位时去掉词尾-er，分别加上词尾-ai, -as, -a, -âmes, -âtes, -èrent，如动词 chanter：

je chantai	nous chantâmes
tu chantas	vous chantâtes
il chanta	ils chantèrent

2) 第二组动词去掉词尾-ir，分别加上词尾-is, -is, -it, -îmes, -îtes, -irent，如动词 finir：

je finis	nous finîmes
tu finis	vous finîtes
il finit	ils finirent

3) 第三组动词的词尾大致可分为两种：

第一种词尾是-is, -is, -it, -îmes, -îtes, -irent，适用于以-ir 结尾的动词 (courir, mourir, venir 除外)，与 répondre 同型的动词，以及 s'asseoir, voir, dire, mettre, prendre, faire, écrire, conduire, atteindre, naître, vaincre 等不规则动词，如：

faire	naître	voir
je fis	je naquis	je vis
tu fis	tu naquis	tu vis
il fit	il naquit	il vit
nous fîmes	nous naquîmes	nous vîmes
vous fîtes	vous naquîtes	vous vîtes
ils firent	ils naquirent	ils virent

第二种词尾是-us，-us，ut，ûmes，ûtes，urent，适用于以-oir 结尾的动词（s'asseoir，voir 除外），以-re 结尾且不属于第一种类型的动词，以及 courir，mourir 等不规则动词，如：

courir	croire	vouloir
je courus	je crus	je voulus
tu courus	tu crus	tu voulus
il courut	il crut	il voulut
nous courûmes	nous crûmes	nous voulûmes
vous courûtes	vous crûtes	vous voulûtes
ils coururent	ils crurent	ils voulurent

4）动词 venir，tenir，avoir，être 的简单过去时变位是特殊的，venir 与 tenir 的变位相同：

venir	avoir	être
je vins	j'eus	je fus
tu vins	tu eus	tu fus
il vint	il eut	il fut
nous vînmes	nous eûmes	nous fûmes
vous vîntes	vous eûtes	vous fûtes
ils vinrent	ils eurent	ils furent

用法：

1. 直陈式简单过去时表示某一确定时间内已经完成的动作，常用于书面语。如在叙事中，表示一连串动作，每个动作都有开始和结束，多用于描述历史事实和故事等，如：

- Le 14 juillet 1789, le peuple de Paris **prit** la Bastille.
  1789 年 7 月 14 日，巴黎人民攻占了巴士底狱。
- Quand l'hiver **arriva**, la cigale **cria** famine. 冬天来了，蝉开始嚷饿。

2. 简单过去时也可以表示重复,但这种重复并非是习惯上的。在这种情况下,必须要有限制时间的标志,如:

- Il **marcha** trente jours, il **marcha** trente nuits.
  他走了30天,又走了30夜。

六、先过去时

直陈式先过去时由助动词 avoir / être 的简单过去时变位＋谓语动词的过去分词构成:

1. 如果是助动词 avoir 的简单过去时变位＋过去分词,过去分词无须与主语作性数配合,如动词 parler:

j'eus parlé	nous eûmes parlé
tu eus parlé	vous eûtes parlé
il eut parlé	ils eurent parlé

2. 如果是助动词 être 的简单过去时变位＋过去分词,过去分词需与主语作性数配合,如动词 monter:

je fus monté(e)	nous fûmes monté(e)s
tu fus monté(e)	vous fûtes monté(e)(s)
il fut monté	ils furent montés
elle fut montée	elles furent montées

用法:

先过去时和愈过去时一样,表示在另一个过去动作之前发生的动作,但先过去时中的两个动作之间的间隔较小,而且主要与简单过去时配合使用,用于书面语中;常用于 quand, lorsque, dès que, aussitôt que, sitôt que, à peine que, après que 等连词和连词词组引导的时间状语从句中,表示先于主句谓语动词之前完成的动作,表示"一……就",主句动词使用简单过去时,如:

- Quand l'orateur **eut terminé** son discours, Paul sortit de la salle.
  演讲者一做完报告,鲍尔就冲出了大厅。

七、简单将来时

直陈式简单将来时的变位较简单,只需在不定式后面直接加上词尾-ai, -as, -a, -ons, -ez, -ont 即可,如动词 chanter:

je chanterai	nous chanterons
tu chanteras	vous chanterez
il chantera	ils chanteront

注意：以-re 结尾的动词，必须先去掉末尾的字母-e，再加上词尾，如动词 mettre：

je mettrai	nous mettrons
tu mettras	vous mettrez
il mettra	ils mettront

有一些不规则动词变位时词根发生变化，需特别记忆，如：

avoir	j'aurai
être	je serai
aller	j'irai
faire	je ferai
devoir	je devrai
courir	je courrai
mourir	je mourrai
pouvoir	je pourrai
recevoir	je recevrai
savoir	je saurai
tenir	je tiendrai
venir	je viendrai
voir	je verrai
vouloir	je voudrai
valoir	je vaudrai
falloir	il faudra
pleuvoir	il pleuvra
s'asseoir	je m'assiérai

用法：

1. 直陈式简单将来时表示将来发生的动作或行为，如：

- Il **partira** en mission dans deux semaines. 他两周后就出差了。
- Quand le soleil **se couchera**, on **finira** la moisson.
  太阳下山时，我们就完成收割任务了。

2. 表示礼貌、委婉、愤慨、命令等语气，如：

- Vous m'**excuserez**, s'il vous plaît. 请原谅我吧。

- Vous vous **tromperez**. 您大概弄错了！
- On me **volera** et je ne **pourrai** rien dire.
  我被别人偷了,居然还不让我说！

八、先将来时

直陈式先将来时由助动词 avoir / être 的简单将来时变位＋谓语动词的过去分词构成。

1. 如果是助动词 avoir 的简单将来时变位＋过去分词,过去分词无须与主语作性数配合,如动词 parler：

j'aurai parlé   nous aurons parlé
tu auras parlé   vous aurez parlé
il aura parlé   ils auront parlé

2. 如果是助动词 être 的简单将来时变位＋过去分词,过去分词需与主语作性数配合,如动词 monter：

je serai monté(e)   nous serons monté(e)s
tu seras monté(e)   vous serez monté(e)(s)
il sera monté   ils seront montés
elle sera montée   elles seront montées

用法：

1. 直陈式先将来时是将来时中的完成体,与简单将来时配合使用,多用于以 quand, lorsque, dès que, aussitôt que, sitôt que, à peine que, après que 引导的时间状语从句中,表示将来某一动作之前发生的动作,如：

- Dès que j'**aurai su** vos désirs, peut-être pourrai-je vous venir en aide.
  一旦了解您的愿望,我就可能帮助您。
- Je te donnerai un coup de fil quand j'**aurai fini** ma traduction.
  一完成翻译任务,我马上就给您打电话。

2. 也可以表示委婉、可能、不满等语气,如：

- Je me **serai** mal **expliqué**, ou plutôt, j'**aurai** mal **compris**.（Augier）
  我可能没有说清楚,或者说我可能理解错了。
- Les pommiers **auront** bien **souffert** de la gelée cette année.
  这些苹果树今年可能遭遇了霜冻。

九、过去将来时

直陈式过去将来时是由简单将来时的词根加上未完成过去时的词尾-ais,

-ais, ait, ions, iez, aient 构成, 如:

parler	finir	vouloir
je parlerais	je finirais	je voudrais
tu parlerais	tu finirais	tu voudrais
il parlerait	il finirait	il voudrait
nous parlerions	nous finirions	nous voudrions
vous parleriez	vous finiriez	vous voudriez
ils parleraient	ils finiraient	ils voudraient

用法:

直陈式过去将来时,表示过去某一时间或某一动作之后将要发生的动作,但这种形式只能用在主从复合句的从句中,且主句动词一般都用过去时态,如:

- Mes parents décidèrent que nous **prendrions** nos vacances et nous voilà partirons pour le Hainan.
  我的父母决定去度假,所以我们就去了海南。

注意: 过去将来时的形式和条件式现在时的形式完全相同,但前者只能用在从句中,且为直陈式,后者可独立使用也可用在主句中。

十、最近将来时和过去最近将来时

1. 最近将来时由 aller 的现在时加上动词的不定式构成;过去最近将来时由 aller 的未完成过去时加上动词的不定式构成。

最近将来时表示即将发生的动作,如:

- Tu **vas partir**? 你要走吗?
- Je **vais** lui **écrire**. 我会给她写信的。

注意: 最近将来时在口语中使用很广,有取代简单将来时的趋势,现在两者的区别不大。

2. 过去最近将来时表示在过去的时间内即将发生的动作,如:

- Il m'a dit que Michel **allait partir**. 他告诉我,米歇尔要离开了。
- Il s'est dit que son père **allait le quitter**. 他心里想,父亲又要离开了。

十一、最近过去时和过去最近过去时

这两个时态分别由 venir 的现在时和未完成过去时,加上介词 de 和动词的不定式构成。

1. 最近过去时表示刚刚过去的动作,如:
- Il **vient de parler** avec son père. 他刚刚才跟他的父亲谈过话。
- Il **vient de finir** ses devoirs. 他刚刚完成作业。

2. 过去最近过去时表示在过去刚刚发生的动作,如:
- La tempête se calma quand nous **venions d'arriver** au centre-ville. 我们刚到市中心,暴风雨就平息下来。

第五节 命令式

命令式表示命令或请求。

一、命令式只用于第二人称单、复数和第一人称复数,这些人称代词并不出现(代动词的命令式除外)。但是第一组动词的第二人称单数在命令式中一般必须去掉词尾的 s,除了后面加上副代词 y 或 en 的情况。

二、命令式的时态

命令式只有现在时和过去时两种,但这两种时态只有体的概念,没有时间的概念,即从动作是否完成来划分现在时和过去时。

1. 命令式现在时

命令式只有 tu, nous, vous 三个人称,命令式现在时的变位与直陈式现在时基本相同。值得注意的是,对于以-er 结尾的动词,第二人称单数以-e 结尾,而不是以-es结尾。变位类似于第一组动词的不规则动词,第二人称单数的变位也去掉-s:

parler	aller	offrir
parle	va	offre
parlons	allons	offrons
parlez	allez	offrez

动词 avoir, être, savoir 的命令式是特殊的,需要特别记忆:

avoir	être	savoir
aie	sois	sache
ayons	soyons	sachons
ayez	soyez	sachez

动词 vouloir 的命令式有两种：

vouloir	
veux	veuille
voulons	veuillons
voulez	veuillez

用法：

命令式表示命令，建议，请求，禁止，劝告和愿望等，如：

- Ne **mange** pas trop vite! 不要吃得太快!
- **Ayez** la complaisance de nous accompagner! 请您陪我们一道去!
- **Soyez** modestes! 谦虚点!
- **Travaillez** bien! 好好工作!

2. 命令式过去时

命令式过去时由助动词 avoir / être 的命令式现在时＋实义动词的过去分词构成：

1) 如果是助动词 avoir 的命令式现在时＋过去分词，过去分词无须与命令的对象作性数配合，如动词 finir：

aie fini
ayons fini
ayez fini

2) 如果是助动词 être 的命令式现在时＋过去分词，过去分词需与命令的对象作性数配合，如动词 monter：

sois monté(e)
soyons monté(e)s
soyez monté(e)(s)

命令式现在时指现在或将来应该做的事情，而命令式过去时指现在或将来某一期限内应该做完的事情，试比较：

- **Rédigez-moi** ce discours pour six heures!
  请把这份发言稿起草一下，六点要用!
- **Ayez rédigé** ce discours avant six heures!
  请在六点之前把这份发言稿拟好!

注意：对第三人称进行命令，不能使用命令式，而必须使用虚拟式，我们之后在虚拟式中会具体说明。

第六节 条件式

条件式表示在一定条件下可能发生的动作,也可以表示想象中发生的事情。条件式有两种时态:条件式现在时、条件式过去时(条件式过去时第二式)。

一、条件式现在时

条件式现在时的构成与直陈式过去将来时的构成完全相同,即由简单将来时的词根加上未完成过去时的词尾-ais, -ais, ait, ions, iez, aient 构成,如:

parler	finir	vouloir
je parlerais	je finirais	je voudrais
tu parlerais	tu finirais	tu voudrais
il parlerait	il finirait	il voudrait
nous parlerions	nous finirions	nous voudrions
vous parleriez	vous finiriez	vous voudriez
ils parleraient	ils finiraient	ils voudraient

用法:条件式现在时表示为未完成体,指现在或将来可能做的事情,如:

- Un tel travail **demanderait** plusieurs mois.
  这样的一份工作可能需要好几个月。
- Si ces pierres parlaient, elles nous **raconteraient** des choses étonnantes.
  如果这些石头能说话,就会给我们讲述一些令人惊奇的事。

二、条件式过去时

条件式过去时由助动词 avoir / être 的条件式现在时变位+谓语动词的过去分词构成:

1. 助动词 avoir 的条件式现在时+过去分词,过去分词无须与主语作性数配合,如动词 parler:

j'aurais parlé　　　　　　nous aurions parlé
tu aurais parlé　　　　　　vous auriez parlé
il aurait parlé　　　　　　 ils auraient parlé

2. 助动词 être 的条件式现在时+过去分词,过去分词需与主语作性数配合，如动词 monter：

je serais monté(e)	nous serions monté(e)s
tu serais monté(e)	vous seriez monté(e)(s)
il serait monté	ils seraient montés
elle serait montée	elles seraient montées

3. 条件式过去时还有另一种构成方式，称为条件式过去时第二式，其形式与虚拟式愈过去时完全相同，我们将在下一节虚拟式中提到它的构成方式。

用法：

条件式过去时表示现在、将来或过去可能已经做完的事，如：

- Un tel travail **aurait demandé** plusieurs mois.
  这样的一份工作可能用了好几个月。
- Cet accident **aurait causé** plusieurs victimes.
  这场交通事故可能造成了许多伤亡。

三、条件式的基本用法

1. 用于独立句中，表示委婉、设想和不肯定，如：

- Je me demande s'il **aimerait** ce tableau. 我想知道他是否喜欢这幅画。
- On **pourrait** s'y retrouver vers dix heures.
  我们可以在十点左右集合。
- Plus jeune, il **aurait insisté**. 如果他再年轻一些，就会坚持下去。
- Vous **auriez dû** me prévenir plus tôt. 您应当早点告诉我。

注意：在表示惋惜或遗憾的情况时，一般使用条件式过去时，如上面最后一个例句。

2. 条件式现在时用在条件复合句中，从句用 si 引导，谓语用直陈式未完成过去时，表示假设，主句谓语用条件式现在时，表示现在或将来可能发生的事情。

表示在某一假设条件下将来可能发生的事，如：

- Si j'avais deux billets, je vous **inviterais** au cinéma.
  如果我有两张票，就请你去看电影了。
- Si vous veniez en Suisse en hiver, quelles belles parties de ski nous **ferions**!
  如果您在冬天的时候来瑞士，我们就可以共同享受滑雪的乐趣了。

表示现在已经不可能发生的事情，如：

- Si je ne vous savais pas étourdi, je vous **confierais** cette lettre.

如果我不知道您丢三落四,就把这封信委托给您了。

3. 条件式过去时用于复合条件句中,从句还是以 si 引导,主句谓语用条件式过去时,表示完全假设,没有实际含义。

条件式过去时第一式,如:

- S'il s'était réveillé plus tôt, il n'**aurait** pas **manqué** le train. 如果他早点醒来,就不会错过火车。
- Si elle avait eu un ordinateur, Colette **aurait pu** finir son courrier en quelques minutes.
  如果科莱特有一台电脑,那么写信只是几分钟的事。

条件式过去时第二式,如:

- S'il avait travaillé plus, il **eût réussi**.
  如果他再努力一把,早就成功了。

4. 在非条件复合句结构中,如果有条件状语和副动词结构,主体谓语也可以使用条件式,如:

- A votre place, je ne le **ferais** pas. 如果我是您,就不会这样做。
- En le faisant, il **aurait cru** manquer de dignité.
  如果他这样做,就觉得丢了面子。

第七节 虚拟式

虚拟式在法语动词用法中占有重要的地位。与直陈式不同的是,直陈式是客观陈述某个事件,而虚拟式表示说话者对事情的态度、感情、判断,从而带有主观色彩。

一、虚拟式的时态

虚拟式有四种时态:现在时,过去时,未完成过去时,愈过去时。

1. 虚拟式现在时

虚拟式现在时的构成分为两部分:

1) 第一、第二人称单数和第三人称,由直陈式现在时第三人称复数去掉-ent,加上词尾-e, -es, e, -ent 构成;

2) 第一、第二人称复数,由直陈式现在时第一人称复数去掉-ons,加上-ions, -iez 构成。

parler	finir	mettre
que je parle	que je finisse	que je mette
que tu parles	que tu finisses	que tu mettes
qu'il parle	qu'il finisse	qu'il mette
que nous parlions	que nous finissions	que nous mettions
que vous parliez	que vous finissiez	que vous mettiez
qu'ils parlent	qu'ils finissent	qu'ils mettent

有些动词的虚拟式现在时是特殊的,必须特别记忆,如:

avoir	être	aller	faire
que j'aie	que je sois	que j'aille	que je fasse
que tu aies	que tu sois	que tu ailles	que tu fasses
qu'il ait	qu'il soit	qu'il aille	qu'il fasse
que nous ayons	que nous soyons	que nous allions	que nous fassions
que vous ayez	que vous soyez	que vous alliez	que vous fassiez
qu'ils aient	qu'ils soient	qu'ils aillent	qu'ils fassent
savoir	pouvoir	valoir	vouloir
que je sache	que je puisse	que je vaille	que je veuille
que tu saches	que tu puisses	que tu vailles	que tu veuilles
qu'il sache	qu'il puisse	qu'il vaille	qu'il veuille
que nous sachions	que nous puissions	que nous valions	que nous voulions
que vous sachiez	que vous puissiez	que vous valiez	que vous vouliez
qu'ils sachent	qu'ils puissent	qu'ils vaillent	qu'ils veuillent
falloir		pleuvoir	
qu'il faille		qu'il pleuve	

用法:

虚拟式现在时表示以说话时为基准的现在或将来的动作,相当于直陈式的现在时和将来时,如:

- Je doute qu'il **vienne**. 我对他的到来表示怀疑。
- Je lui dis qu'il **écrive** bien. 我要求他写好一些。

2. 虚拟式过去时

虚拟式过去时由助动词 avoir / être 的虚拟式现在时＋谓语动词的过去分词构成:

1) 如果是助动词 avoir 的虚拟式现在时＋过去分词,过去分词无须与主语作性数配合,如动词 parler:

que j'aie parlé que nous ayons parlé
que tu aies parlé que vous ayez parlé
qu'il ait parlé qu'ils aient parlé

2) 如果是助动词 être 的虚拟式现在时＋过去分词,过去分词需与主语作性数配合,如动词 monter：

que je sois monté(e) que nous soyons monté(e)s
que tu sois monté(e) que vous soyez monté(e)(s)
qu'il soit monté qu'ils soient montés
qu'elle soit montée qu'elles soient montées

用法：

虚拟式过去时表示在说话时或将来某一时刻已经完成的动作,相当于直陈式的复合过去时和先将来时,如：

- Nous sommes désolés que vous vous **soyez** dérangés hier soir pour nous rendre visite. 很抱歉,昨晚还麻烦您来看望我们。
- Il demande que nous **soyons** partis avant midi.
  他要求我们在中午前就动身。

3. 虚拟式未完成过去时

虚拟式未完成过去时由直陈式简单过去时第二人称单数去掉词尾加上词尾-sse, -sses, -ât / ît / ût, -ssions, -ssiez, -ssent 构成,如：

parler	finir	avoir	être
que je parlasse	que je finisse	que j'eusse	que je fusse
que tu parlasses	que tu finisses	que tu eusses	que tu fusses
qu'il parlât	qu'il finît	qu'il eût	qu'il fût
que nous parlassions	que nous finissions	que nous eussions	que nous fussions
que vous parlassiez	que vous finissiez	que vous eussiez	que vous fussiez
qu'ils parlassent	qu'ils finissent	qu'ils eussent	qu'ils fussent

用法：

虚拟式未完成过去时表示的时间以"过去"为基准,在过去某一时刻的同时或以后发生的动作,相当于直陈式的未完成过去时和过去将来时,如：

- Il cria pour qu'on **ouvrît** la porte. 他喊着,想叫人开门。

4. 虚拟式愈过去时

虚拟式愈过去时由助动词 avoir / être 的虚拟式未完成过去时＋谓语动词的过去分词构成：

1) 如果是助动词 avoir 的虚拟式未完成过去时＋过去分词,过去分词无须与主语作性数配合,如动词 parler:

que j'eusse parlé　　　　que nous eussions parlé
que tu eusses parlé　　　que vous eussiez parlé
qu'il eût parlé　　　　　 qu'ils eussent parlé

2) 如果是助动词 être 的虚拟式未完成过去时＋过去分词,过去分词需与主语作性数配合,如动词 monter:

que je fusse monté(e)　　que nous fussions monté(e)s
que tu fusses monté(e)　 que vous fussiez monté(e)(s)
qu'il fût monté　　　　　qu'ils fussent montés
qu'elle fût montée　　　 qu'elles fussent montées

用法:

虚拟式愈过去时表示在过去或将来某一时刻已经完成的动作,相当于直陈式的愈过去时和先将来时,如:

- Je doutais qu'il **fût venu**. 我不相信他已经来了。

但习惯上,虚拟式未完成过去时和愈过去时已经逐渐被虚拟式现在时和过去时所替代,而且使用的时候,也仅仅用于书面语的第三人称。

二、虚拟式的基本用法

1. 用于独立句中,必须由连词 que 引导,只有在某些特殊情况下或古法语中省略 que,表示假设或推断、让步、希望和祈求、拒绝、命令或要求等,如:

- **Soit** un triangle ABC. 假设三角形 ABC。
- **Passe** pour une fois. 下不为例。
- Qu'elle **se guérisse** vite. 希望她早日康复。
- Moi! Que je lui **dise** cela! 难道要我把这件事告诉他?
- Je lui dis qu'il **écrive** bien. 我要求他写好点。

注意:在表示命令或要求时,通常是对第三人称进行的命令或要求,与前面的命令式有本质的区别。

2. 用于固定词组和习惯套语中,连词 que 常常省略,如:

- **Vive** la France! 法兰西万岁!
- Dieu nous **protège**! 老天保佑我们!
- **Coûte** que coûte. 破釜沉舟。

3. 虚拟式用在名词性从句中

1) 主句谓语表示意愿、爱好、命令等,如 vouloir, désirer, souhaiter,

préférer, aimer mieux, demander, commander, exiger, dire, permettre, consentir, ordonner, tolérer, défendre, interdire, 等等。

- Il faut que nous **prévoyions** les difficultés pour mieux les résoudre.
  我们必须未雨绸缪，才能更好地解决困难。
- Nous souhaitons que vous y **puissiez** rentrer plus tôt.
  我们希望您能早日归来。

2）主句谓语如果是 prendre garde，éviter，empêcher 等动词或动词词组，从句动词不仅要使用虚拟式，还必须在动词前加上赘词 ne，如：

- Prenez garde que l'enfant **ne tombe** dans l'eau.
  请留神，别让孩子掉进水里。
- Empêchez qu'il **ne fuisse** ses responsabilités.
  别让他推卸自己的责任。

3）主句谓语表示喜、怒、哀、乐等各种感情，如 se réjouir, se féliciter, détester, aimer, approuver, etc, 如：

- Je suis contente que tu **puisses** nous apporter cette bonne nouvelle.
  你能给我们带来这个好消息，我感到很高兴。
- Elle regrette que son mari **parte** pour si longtemps.
  丈夫要外出这么久，她感到很遗憾。

4）如果主句谓语动词是 craindre，redouter，avoir peur 等动词和动词词组，而且主句和从句都是肯定形式，从句的动词不仅要用虚拟式，而且前面还得加上赘词 ne，如：

- Je crains qu'il **ne vienne** trop tard. 我怕你来得太晚。
- Nous avons peur que le mouvement **ne trahisse** leur présence.
  我们害怕这个运动会暴露他们的行踪。

5）主句谓语表示判断，如 trouver bon, trouver mauvais, trouver juste, trouver injuste, il convient, il se peut, il est possible, il est impossible, il importe, peu importe, qu'importe, il est important, il vaut mieux, 等等。

- Il est bien naturel que l'on **change** l'opinion de temps en temps.
  人们不时地改变自己的看法，那是很正常的事。
- Je trouve bon que vous y **ayez ajouté** ces détails.
  我觉得您加上这些细节是很好的。

6）主句谓语是表示不肯定的动词，如：

- Il est possible que le client **ait emporté** les couverts dans sa poche.
  这位顾客很可能把餐具装在自己的口袋里走了。
- Nous désespérons qu'il ne **reconnaisse** pas son erreur.
  他拒绝承认自己的错误，这让我们感到很失望。

7) 如果主句谓语是表示怀疑或否定等概念的动词，如：douter, nier, contester, démentir, ignorer, disconvenir 等，而且使用的是疑问或否定形式，那么从句的谓语不仅要使用虚拟式，还必须在动词之前加上赘词 ne，如：

- Il ne nie pas que nous **ne soyons** venus à la soirée.
  他并不否认我们参加了晚会。

8) 主句谓语如果是表示相信、肯定的动词，而且使用的是疑问、否定或条件形式，从句则使用虚拟式，如：croire, penser, sentir, supposer, juger, estimer, considérer, espérer, savoir, apprendre, oublier, voir, remarquer, 等等。

- Je ne crois pas que vous **puissiez** participer à cette discussion.
  我不相信您能来参加这次讨论。

9) 如果以 que 引导的名词性从句放在句首，谓语也得使用虚拟式，如：

- Qu'il **soit** malade, je le sais. 我知道他病了。

4. 用于关系从句中
1) 从句表示目的或愿望，如：

- Je voudrais chercher une interprète qui **puisse** parler à la fois français et anglais. 我想找一个既会说法语又会说英语的翻译。

2) 主句表示怀疑、否定或限制，如：

- Y a-t-il une raison qui **puisse** me convaincre?
  有一个能说服我的理由吗？
- Il n'y a rien qui **plaise** mieux à ce jeune homme, que de jouer au tennis après le travail.
  对这个年轻的男人而言，没有什么比工作之余打网球更开心了。

3) 如果主句的先行词带有形容词最高级形式，或 le premier, le dernier, le seul, l'unique 等表示个人意见或评价的词，如：

- Le plus beau spectacle que l'on **puisse** voir ici, au printemps, c'est celui des cerisiers en fleur.
  春天里能见到的最美场景，就是这些鲜花盛开的樱桃树。

5. 用于副词性从句,如:

1) 以 avant que, jusqu'à ce que, en attendant que 引导的时间从句中,如:

- Il ne rentre pas jusqu'à ce que son fils **demande** son excuse.
一直到他的儿子求他原谅之后,他才会回家。

2) 以 pour que, afin que, de crainte que, de peur que, de sorte que, de façon que 引导的目的状语从句中,如:

- Téléphonez-lui, pour qu'il ne **vienne** pas en retard.
给他打个电话吧,免得他迟到。
- Le couloir est trop obscur pour qu'on **puisse** distinguer le visage de l'homme. 走廊太黑了,无法看清那个人的脸。

3) 以 soit que...soit que, non que, non pas que, ce n'est pas que 引导的从句中,如:

- **Soit** qu'il reste, **soit** qu'il s'en aille, nous ne nous occuperons plus de lui. 无论他是走还是留,我们都不管他了。

4) 以 sans que, loin que 引导的否定状语从句中,如:

- Quelque chose le gêne sans qu'il **sache** ce que c'est.
他感到有些不自在,但又不知道是怎么回事。

5) 以 en cas que, pourvu que, à condition que, supposer que 引导的条件从句中,如:

- Il est content pourvu qu'il **ait** le nécessaire.
只要有了生活必需品,他就满足了。
- Vous pouvez partir en vacances à condition que vous **réussissiez** vos examens. 只要你们顺利通过考试,就可以去度假。

6) 在以 quoique, bien que, encore que, qui que, quoi que, quelque...que 等引导的让步从句中,如:

- Quoiqu'il **fasse** encore beau en ce début de septembre, déjà les hirondelles semblent préparer le grand départ.
虽然9月初的天气仍然很好,但燕子似乎已经做好了迁徙的准备。
- Je ne le reconnais pas, bien qu'il n'**ait** guère **changé**.
虽然他变化不大,但我还是没有认出。

第八节　不定式

不定式是动词的原形,它具有动词和名词的品质。

不定式只有现在时和过去时两种,其过去时是由动词 avoir 或 être 的不定式加实义动词的过去分词构成。

一、不定式的时态和语态

不定式有现在时和过去时两种时态,可以表示在任何时间发生的行为或动作。现在时表示现在、过去或将来未完成的动作;过去时表示现在、过去或将来已经完成的动作,如:

- Je ne crois pas **m'être trompé**. 我不相信自己弄错了。
- Dites à Pierre de **venir** me **voir** demain. 叫皮埃尔明天来看我。
- Il déclare **avoir** vu cet homme hier. 他宣称昨天见过这个人。
- Je regrette de ne pas **avoir pu** finir ce travail plus tôt.
  我感到遗憾的是,不能早点完成这项工作。

不定式有主动态和被动态两种,如:

- Vous voulez **danser**, à votre âge! 您这么大年纪,还想跳舞呀!
- Elle ne voudrait pas **être vue**. 她不想被人看见。

二、不定式起动词的作用

不定式作动词,可用于命令句、陈述句、感叹句、疑问句、关系从句和间接疑问句中,如:

- **Dormir**, vite **dormir**！睡吧,快点睡觉!
- Grenouilles aussitôt de **sauter** dans les ondes. (La Fontaine)
  青蛙立刻跳进水波里。
- Moi, **abandonner** mon équipe! 我,我抛弃了我的团队!
- À qui **demander** conseil? 向谁征求意见呢?
- Il ne voit personne à qui **demander** sa route.
  他没有见到任何可问路的人。
- Il ne sait pas comment **faire** pour lui faire plaisir.
  他不知道该怎么做才能讨她的欢心。

三、不定式起名词的作用

不定式可代替名词在句中担任任何功能。

1. 不定式作主语
1) 无介词的不定式直接作主语,如:

- **Fuir** devant les difficultés est une honte.
  在困难面前,逃避是一种耻辱。
- **Promettre** est facile, **tenir** ses promesses est souvent difficile.
  承诺很简单,但信守承诺往往就难了。
- **Crier** n'est pas argumenter. 有理不在声高。

2) 介词 de 加不定式作主语,常见于古法语中,现代法语也可用,突出文章的古朴风格,如:

- **De mentir** est une honte. 说谎是可耻的。
- **D'imaginer** cela ne lui donna aucun plaisir.
  想到这些并没有让他开心。

3) 不定式用于无人称结构,做实质主语,有时前面需要加上介词 de,如:

- Ce serait trahir que **d'oublier** le passé. 忘记过去就意味着背叛。
- Il nous serait utile **de repasser** de temps en temps cette histoire.
  不时重温这段历史,对我们十分有益。

2. 不定式可作表语,如:

- Vouloir, c'est **pouvoir**. 有志者事竟成。
- Votre devoir est **de travailler**. 你们的任务就是好好学习。

3. 不定式可作名词补语,如:

- Je suis retenu par la crainte **de le blesser**. 我就克制了,怕伤害他。
- C'est un plan **de construire** cet immeuble. 这就是修建这栋楼的计划。

4. 不定式可作形容词补语,如:

- Il est fier **de pouvoir** travailler pour son pays.
  他因能够为自己的国家工作而感到骄傲。
- C'est un ouvrage fort délicat **à faire**. 这是一件不易做的活。
- Ce texte est facile **à tenir** par coeur. 这篇文章很容易记忆。

5. 不定式作直接宾语和间接宾语,有三种情况:
1) 变位动词和不定式之间不加介词,如:

- Depuis quelque temps, je **comptais faire** voyage au Yunnan.
  一段时间以来,我打算要去云南度假。
- Il ne croit pas s'**être lavé**. 他不相信自己洗过澡了。

注意:不需要加介词的动词有:半助动词和语式助动词,如 devoir, savoir, pouvoir, vouloir 等;感觉动词,如 avoir, écouter, entendre, sentir;陈述动词等,如 dire, raconter, nier, déclarer, prétendre 等;表示假定的动词,如 supposer, se rappeler 等等。

2) 变位动词与不定式之间需要加介词 de,如:

- Dites à Pierre **de venir** plus tôt. 请皮埃尔早点来。
- Je me réjouis **d'avoir** appris cette bonne nouvelle.
  得知这个好消息,我很高兴。
- Je ne me souviens pas **d'avoir** vu ce film.
  我不记得是否看过这场电影。

3) 变位动词与不定式之间需要加介词 à,如:

- C'était la première femme **à avoir** effectué un voyage d'exploration au pôle sud. 她是第一个从事南极探险的女人。
- Je tiens **à** vous **remercier**. 我一定要感谢您。

不定式作状语,可表目的、原因、方式、时间、后果、条件和让步,如:

- Elle ne sait que **faire** pour le contenter. 她不知怎么才能让他满足。
- Il se repent d'**avoir menti**. 他因说谎而感到悔恨。
- On a travaillé sans **obtenir** de résultats. 工作是做了,但没有结果。
- Après **être monté**, il est redescendu. 他上去了,又下来。
- Je possède assez d'étagères pour **ranger** tous mes livres.
  我有足够的书架放书。
- À **courir** après lui, je serai vite essoufflé.
  如果我跟着他跑,很快就喘不过气来。
- Pour **être** riche, il n'en est pas plus heureux. 他虽然富有,但并不幸福。

第九节 分词式

分词式是动词的形容词形式,兼具形容词和动词的性质。

一、分词式的时态

分词式有三种形式：现在分词、过去分词和复合过去分词。

现在分词构成是：去掉直陈式现在时第一人称复数词尾的-ons，加上-ant，但动词 avoir，savoir 和 être 除外。

过去分词构成非常复杂，需要记忆。如：avoir 变成了 eu；être 变成 été；voir 变成 vu。（参见本章复合过去时说明中的列表）。

现在分词和过去分词是截然不同的两种形式，前者表示动作尚未完成，后者表示动作已经完成。

二、现在分词

现在分词没有人称和数的变化，代动词的现在分词仍然保留原代动词的自反代词。现在分词具有动词的性质，可以有宾语或状语。

1. 代替以 qui 引导的关系从句，如：

- Je n'entends que les plumes **courant** sur des papiers.
  我只听到钢笔在纸上滑动的声响。

2. 表示原因、方式等，起状语作用，如：

- **Croyant** le bureau vide, il entra. 他以为办公室没有人，就走了进去。
- **Etant** malade, le directeur a demandé deux jours de congé.
  经理生病了，请了两天假。
- Nathalie, **baissant** la tête, ne répond pas tout de suite.
  纳塔丽垂下头，并没有马上回答。

3. 表并列动作，如：

- Le Soleil monte, **éclairant** la terre. 太阳升起，照亮了大地。
- Le train repart, **courant** vers le Midi. 火车重新启动，向南方驶去。

4. 有独立主语，构成绝对分词从句，起副词性从句的作用，如：

- Midi **sonnant**, on se met à table. 中午12点的铃声敲响了，我们开始用餐。

三、动词性形容词

有些现在分词已经转化成形容词，有性数的变化，可以做定语或表语，但这种形容词是由现在分词转化而来，因此也带有动词的特征，所以被称为"动词性形容词"或"动形容词"。

动形容词表示某种状态或性质,后面不能加上任何宾语或状语,如:

- Cette actrice est d'une beauté **éblouissante**. 这位女演员美貌绝伦。
- Les nouvelles **rassurantes** nous sont parvenues.
  我们得到了可靠消息。

少数由现在分词转化而来的形容词已经成为纯粹的形容词,其书写形式与现在分词有区别,如:

现在分词	形容词
fatiguant	fatigant
provoquant	provocant
négligeant	négligent
vaquant	vacant
naviguant	navigant
convainquant	convaincant
intriguant	intrigant

四、副动词

副动词由现在分词前面加上介词 en 构成,没有人称、性数的变化,但 avoir, être 是没有副动词形式的。

副动词具有动词和副词的性质,可以有自己的宾语、状语,起动词作用;也可以修饰主体谓语,起副词作用。

注意:副动词的施动者与主体谓语的施动者是同一个,副动词发生的时间与主体谓语发生的时间同步。

1. 副动词可以做状语,表示原因、让步、方式和时间等等,如:

- **En travaillant** beaucoup, il réussit enfin.
  经过辛勤的劳动,他取得了成功。
- **En nous critiquant** sévèrement, il n'avait nulle intention de nous décourager. 尽管他严厉地批评了我们,但并不想让我们气馁。
- La femme **en bavardant** apprit une nouvelle surprenante.
  在闲聊的时候,女人获悉了一个惊人的消息。
- **En montant** sur le train, il m'a jeté une feuille de papier.
  上火车的时候,他扔给我一张纸。

2. 副动词前加 tout 可以表示强调,如:

- Tout **en prétendant** m'aider, il a organisé mon échec.
  他口口声声说要帮我,其实是想方设法把我搞垮。

3. 用于习惯用法和谚语,如:

- L'appétit vient **en mangeant**. 胃口越吃越大。
- La fortune vient **en dormant**. 飞来横财。

注意:副动词和现在分词的异同点如下:

相同点:做状语时,副动词和现在分词都必须和主句共用一个主语,如:

- Ne **sachant** comment faire, il y a renoncé enfin.
  由于不知如何是好,他最终放弃了。
- Tout **en mangeant**, il regarde la télé. 他一边吃饭,一边看电视。

不同点:在现代法语中,现在分词的施动者可以不是主句的主语,而副动词的施动者必须是主句的主语,如:

- J'ai rencontré Anne **sortant** du train. 我看见安娜从车站走了出来。
- J'ai rencontré Anne **en sortant** du train. 出站时,我看见了安娜。

五、复合过去分词

复合过去分词由助动词 avoir 和 être 的现在分词加上有关动词的过去分词构成。

复合过去分词和现在分词的用法基本相同,只是现在分词表示尚未完成的动作,而复合过去分词表示已经完成的动作。

1. 修饰名词,相当于关系从句,如:

- C'est un homme intelligent, **ayant** beaucoup **voyagé**.
  他是个聪明的人,去过很多地方。

2. 修饰动词,充当状语,如:

- **Ayant passé** l'examen, la plupart des étudiants sont rentrés chez eux.
  考试结束后,大部分学生都回家了。(注意:本例句中的 ayant passé 可以被 après avoir passé 代替。)

3. 用于绝对分词从句,如:

- La pluie **ayant cessé**, ils se remirent en route.
  雨停了,他们又继续上路。

六、过去分词

过去分词是动词各种时态复合式和被动态的必要组成部分。

过去分词和现在分词一样,具有动词和形容词的性质。既可以作表语、修饰语、同位语,也可以独立使用。

过去分词不同于现在分词:过去分词有性数变化,而现在分词则没有;过去分词表示被动或动作已经完成,现在分词则表示主动和动作尚未完成。

1. 及物动词的过去分词可以在句中单独使用,具有被动含义,可以作定语、表语、同位语,还可以组成独立分词从句,如:

- Des réputations rapidement **fondées** tombent souvent.
  迅速建立起来的声望常常会很快消失。
- La cigale se trouve **dépourvue** quand la bise est venue.
  北风吹起来的时候,蝉已经一无所有。
- **Suspendue** à son bras, la mère lui fait mille recommandations.
  母亲挽着他的胳膊,千叮咛万嘱咐。
- Le travail **terminé**, ils mangent du pain. 工作结束后,他们吃面包。

2. 以 être 做助动词,不及物动词的过去分词在单独使用时,具有主动含义,可以作定语、同位语,表示先于主要动词发生的动作,但 être 常常省略。如:

- Il m'a fait voir les feuilles **tombées** la veille.
  他叫我看了夜里落下的树叶。
- **Sortie** du train, elle aperçut son père. 下火车的时候,她看见了父亲。

七、过去分词的性数配合

1. 做独立成分的过去分词,其性数必须和被修饰的名词相一致,如:

- Les villas **édifiées** sur la colline m'impressionnent beaucoup.
  山丘的别墅给我留下了深刻的印象。

2. 不及物动词的过去分词和 être 组成复合形式;及物动词的过去分词和 être 组成被动态,在这两种情况下,过去分词的性数必须和主语相一致,如:

- Elles sont **arrivées** en France. 她们已经抵达法国。
- Elle fut **intriguée** par des riens.
  她被一些鸡毛蒜皮的小事搅得心烦意乱。

3. 在以 avoir 为助动词的及物动词复合形式中,如果直接宾语被提前,那么过去分词必须与提前的直接宾语做配合，如：

- Cette revue-là, je l'ai **donnée** à mon frère.
  那本杂志，我已经给我的哥哥了。
- Je ne compte pas les nuits blanches que ces recherches m'ont **coûtées**.
  为从事这些研究熬了多少夜，我就不去计算了。

注意：

1）avoir 为助动词的不及物动词和无人称动词的复合形式中，过去分词不需要配合，如：

- Les trois jours qu'il a **neigé**. 下雪的那三天。
- Une heure que nous avons **couru**. 我们跑了一个小时。

注意：上述两个例句中的 que 有关系代词 où 之意。

2）前置的直接宾语是泛指代词 en，过去分词也不用作配合，如：

- Des accidents！J'en ai **vu** beaucoup sur la route.
  交通事故！我在路上见多了！

3）在表示绝对意义和被动意义的代词式动词复合时态中，过去分词必须与主语作性数配合，如：

- Les pommes se sont **vendues** cher. 这些苹果以昂贵的价钱卖了出去。
- Mille ballons se sont **envolés** vers le ciel. 一千只气球飞向了天空。

4）在表示自反和相互意义的代词式动词复合时态中，如果自反代词在句中作直接宾语，过去分词就必须与主语配合，如：

- Elle s'est **regardée** dans la glace. 她照了照镜子。

5）自反代词在句中作间接宾语，过去分词不用进行配合，如：

- Elles se sont **écrit** des lettres. 她们相互通了信。
- Nous nous sommes **dit** bonjour. 我们相互问好。

第八章 副词

第一节 副词的形式

一、简单形式的副词

简单形式的副词由一个词构成,是最主要的副词形式,主要包括以下几种情况:

1. 简单形式的普通副词,如:

bien(好),mal(坏),aujourd'hui(今天),hier(昨天),avant(以前),après(以后),tôt(早),tard(晚),vite(快),surtout(尤其),plutôt(宁可),toujours(总是),quelquefois(有时),souvent(经常),autrefois(从前),等等。

2. 由形容词加后缀 -ment 构成的副词

1) 以元音字母结尾的,或以 -e 以结尾的形容词,直接加 -ment 构成副词,如:

vrai(真正的)	vraiment(真正地)
large(广泛的)	largement(广泛地)
simple(简单的)	simplement(简单地)
timide(羞怯的)	timidement(羞怯地)
propre(特有的)	proprement(特有地)

但是,有少数形容词结尾需要稍加改变,如:

énorme(极大的)	énormément(极大地)
cru(生硬的)	crûment(生硬地)
gai(快活的)	gaîment 或 gaiement (快活地)

2) 以辅音字母结尾的形容词,在阴性形式后加 -ment 构成副词,如:

dur(严厉的)	durement(严厉地)
sérieux(严肃的)	sérieusement(严肃地)
net(清晰的)	nettement(清晰地)
frais(凉爽的)	fraîchement(凉爽地)
bref(简短的)	brièvement(简短地)

3) 以-ant，-ent 结尾的形容词，去掉词尾，分别加上-amment，-emment 构成副词，如：

brillant(杰出的)	brillamment(杰出地)
constant(经常地)	constamment(经常地)
évident(明显的)	évidemment(明显地)
intelligent(聪明的)	intelligemment(聪明地)
imprudent(轻率的)	imprudemment(轻率地)

但也有少数例外，如：

lent(缓慢的)	lentement(缓慢地)
présent(目前的)	présentement(目前)

3. 由其他词类转化而成的副词

1) 从形容词转化而来的副词，一般与动词搭配使用，形成固定短语，如：

coûter **cher**（价格昂贵）　　chanter **faux**（唱走调）
refuser **net**（断然拒绝）　　habiter **seul**（独居）
parler **haut**（大声说话）　　tenir **ferme**（坚持）
sentir **bon**（气味香）　　　arriver **juste**（准时到达）

2) 从介词转化而来的副词，如：

- Il retourna à la maison, prit son parapluie et repartit **avec.**
  他回到屋里，拿起雨伞，接着又出门了。
- Comme la plupart des députés ont voté **contre**, il est obligé de démissionner. 由于大多数议员投了反对票，他被迫辞职。

二、复合形式的副词

复合形式的副词是由两个或两个以上的词构成的短语，常见的形式是介词加名词、形容词或副词，如：

介词加名词	à tâtons(摸索着), d'habitude(通常), avec plaisir(很乐意)
介词加形容词	de nouveau(重新), en général(一般), en vain(徒然)
介词加副词	en plus(而且), en dessus(上面), d'ici peu(再过不久)

第二节 副词的种类

一、方式副词

1. 简单词形的方式副词,如:

bien(好), mal(坏), ensemble(一起), ainsi(这样), volontiers(自愿地), debout(站着), exprès(故意),等等。

2. 大部分方式副词都是品质形容词加后缀 -ment 构成的,如:

tendrement(温柔地)　　　franchement(坚决地)
clairement(清楚地)　　　prudemment(谨慎地)
publiquement(公然)　　　soigneusement(细心地)
patiemment(耐心地)　　　sévèrement(严厉地)

3. 大多数副词短语表示方式,如:

de bon gré(心甘情愿地)　　à tort ou à raison(不管对不对)
tour à tour(轮流地)　　　　en vain(徒然)
en cachette(偷偷地)　　　　à la légère(轻率地)
à la fureur(狂热地)　　　　par force(用武力)

方式副词可以修饰动词,表示动作的方式,如:

- Pierre travaille très **bien** dans le domaine pétrochimique.
  皮埃尔在石油化学这一行干得十分出色。
- Pardon, je ne l'ai pas fait **exprès**. 对不起,我不是故意这么做的。
- Je ne veux pas régler ce problème **par force**.
  我不想用武力来解决这个问题。

二、数量副词

数量副词又可细分为数量副词和程度副词,其特点是使用频率较高。

1. 数量副词

表示数量的副词有 peu(很少),assez(足够),beaucoup(很多),trop(太多),autant(同样多),moins(更少),plus(更多),tant(这么多),davantage(更多),等等,还有一些副词短语,如:un peu(一点),pas mal(不少),à demi(一半),à moitié(一半),à peu près(差不多),à peine(刚刚,勉强),au moins(至少),au plus(至多)等。

很多数量副词后面可以加介词 de 引导名词,表示该名词的数量,如:

beaucoup d'étudiants(很多学生)　　**peu de** frais(很少的开支)
assez de courage(足够的勇气)　　**trop de** fautes(太多错误)
autant de cours(同样多的课程)　　**pas mal de** livres(不少书)
un peu de temps(一点时间)　　**plus de** 4 ans(4 年多)

也有一些可以直接加名词,如:

à peu près 15 jours(差不多 15 天)　　**à peine** 3 points(勉强 3 分)
au moins 100 euros(至少 100 欧元)　　**à moitié** prix(半价)

2. 程度副词

程度副词可以修饰动词、形容词和副词,表示动作或状态的程度,有 très(很),trop(太),aussi(同等),si(如此),tout(非常)等。

注意:tout 的用法比较特殊,在以辅音字母或嘘音字母 h 开头的阴性形容词前,要作性数配合;在阳性形容词前,以及在以元音字母或哑音字母 h 开头的阴性形容词前,形式不变,例如:

- Lili a acheté une maison **toute** neuve. 莉莉买了一套崭新的房子。
- Elles sont **toutes** honteuses. 她们十分惭愧。
- C'est une famille **tout** heureuse. 这是一个十分幸福的家庭。

三、时间副词

时间副词可以表示日期、频率、时间长短、时间先后等。

1. 表示日期的时间副词,如:

aujourd'hui(今天),hier(昨天),avant-hier(前天),demain(明天),après demain(后天)

2. 表示频率的时间副词或短语,如:

toujours(总是),souvent(经常),de temps en temps(有时),quelquefois(有时),parfois(有时),rarement(难得),jamais(从不)

3. 表示时间长短的副词或短语,如:

longtemps(很久),soudain(立即),aussitôt(立刻),en un clin d'œil(转瞬间)

4. 表示时间先后的副词或短语,如:

auparavant(以前),avant(以前),autrefois(从前),jadis(从前),après(以后),plus tard(以后),d'abord(首先),puis(随后),ensuite(然后),enfin(最后),finalement(最终),désormais(从此以后),dès lors(从那以后)

四、地点副词

1. 表示方位的地点副词,如:

devant(在前),derrière(在后),dessus(在上面),dessous(在下面),dedans(在里面),dehors(在外面),à gauche(在左边),à droite(在右边),ici(这里),là(那里),ailleurs(在别处),等等。还有一些复合的地点副词,如:là-bas(那边),là-haut(上面),là-dedans(里面),ci-dessous(以下),ci-après(以后),ci-contre(对面,旁边)等

2. 表示来源和经过的地点副词,由介词 de 和 par 与其他地点副词组合而成,如:

d'ici(从这儿),de là(从那儿),d'où(从哪儿,因此),par ici(从这里),par là(从那里),par où(从哪里),par ailleurs(从别处),par derrière(从后面)等

五、疑问副词

疑问副词用来询问动作或状态的时间、地点、原因、方式、数量,如:

quand(何时),où(何地),pourquoi(为什么),comment(怎样),combien(多少),où 前面还可以加介词 de 和 par 组成疑问副词短语,如:d'où(从哪里),par où(经过哪里)。

疑问副词可以用于直接问句,也可以用于间接问句,如:

- **Pourquoi** a-t-il refusé l'invitation de Monsieur Lebon?
  他为什么拒绝勒邦先生的邀请呢?
- Savez-vous **pourquoi** il a refusé l'invitation de Monsieur Lebon?
  您知道他为什么拒绝勒邦先生的邀请吗?

六、判断副词

1. 肯定副词

肯定副词表示对动作或状态的肯定,有 oui(是的),si(是的),bien(好),certainement(一定),assurément(肯定),vraiment(真的),en effet(确实),certes(当然,的确),bien sûr(当然),évidemment(显然),等等。

注意:oui 和 si 在用法上的区别

oui 和 si 都表示肯定,但 oui 用于回答正面提出的问题,而 si 则回答反意疑问句,试比较:

- —Votre fils est-il venu? 您儿子来了吗?
  — **Oui**, il est venu. 是的,他来了。
- —Votre fils n'est-il pas venu? 您儿子没有来吗?
  — **Si**, il est venu. 来了,他来了。

2. 否定副词

否定副词表示对动作或状态的否定,有 non(不),ne(不),ne...pas(不),ne...jamais(从不),ne...plus(再也不),ne...point(一点也不),ne...guère(很少)等。

注意一:non 的用法

1) 对一般疑问句作否定回答,如:

- — La conférence est-elle terminée? 会议结束了吗?
  — **Non**, elle n'est pas encore terminée. 没有,还没有结束。
- — La conférence n'est-elle pas encore treminée? 会议还没结束吗?
  — **Non**, elle n'est pas encore terminée. 是的,还没有结束。

2) 否定句子中的一个词或短语,如:

- Mon père me donne toujours des livres **non** intéressants.
  父亲总是给我一些无聊的书。
- Sylvie habite **non** loin de chez moi. 西尔薇家离我家不远。

3) 与句子中的另一个词或词组对立,如:

- C'est un conseil et **non** un ordre. 这是劝告,而不是命令。
- Je viens soutenir ce projet et **non** m'y opposer.
  我是来支持这个计划的,而不是来反对的。

注意二:non plus 与 aussi 在用法上的区别

non plus 用于否定句,表示"也不";aussi 用于肯定句,表示"也是",试比较：

- — Je n'ai pas l'intention de changer de travail. 我不打算换工作。
  — Moi **non plus**. 我也没这个打算。
- — J'ai l'intention de changer de travail. 我打算换工作。
  — Moi **aussi**. 我也是。

七、怀疑副词

怀疑副词表示动作或状态的可能性，主要有 peut-être（可能），probablement（很可能），sans doute（大概），vraisemblablement（很可能），apparemment（似乎）等。

- Il viendra **probablement** ce soir pour vous rendre visite.
  他今晚很可能会去拜访您。
- **Apparemment** il a renoncé à son projet. 看来，他放弃了计划。

八、感叹副词

感叹副词表达对动作或状态的情感，数量很少，而且大部分是多属性的词，如：comme（多么），combien（多么），que（多么，多少）等。

- **Comme** il fait beau ! 天气多好啊！
- **Combien** il a changé ! 他的变化多大啊！
- **Combien** de fois ne lui a-t-on pas répété ! 对他不知道重复了多少遍！
- **Que** la robe est jolie ! 这条裙子多漂亮啊！
- **Que** de monde ! 人可真多呀！

第三节 副词的比较级和最高级

一、副词的比较级

副词的比较级由 plus...que，aussi...que，moins...que 构成，与形容词的比较级相似。以 soigneusement（仔细地）为例：

比较级	原级	soigneusement(仔细地)
	较高	plus soigneusement que...(比……更仔细)
	同等	aussi soigneusement que...(和……一样仔细)
	较低	moins soigneusement que...(不如……仔细)

- Monsieur Wang court **plus** vite **que** Paul. 王先生比保尔跑得快。
- Il parle français **aussi** couramment **que** son professeur.
  他的法语说得跟老师一样流利。
- Pierre travaille **moins** diligemment **que** l'année dernière.
  皮埃尔不如去年勤奋了。

二、副词的最高级

副词的最高级由 le plus, le moins 构成,与形容词的最高级相似。

- De tous les romans français, C'est *Notre-Dame de Paris* qui m'intéresse **le plus**.
  在所有的法国小说中,我对《巴黎圣母院》最感兴趣。
- Aujourd'hui, il est arrivé **le plus tôt** de toute la classe.
  今天他是全班来得最早的一个。
- Cette veste coûte **le moins cher** de toutes les marchandises du magasin. 这件上衣是这家店里最便宜的。

副词最高级后面还可以加上 possible(可能的),起强调作用,如:

- Restez **le plus** longtemps **possible**, je vous supplie.
  尽可能多留一会,求您了。
- Pour ne pas être en retard, il court **le plus** vite **possible**.
  为了不迟到,他尽力快跑。

注意:特殊形式的比较级和最高级

原级	比较级			最高级
	较高	同等	较低	
beaucoup	plus	autant		le plus
peu	moins	(aussi peu)		le moins
bien	mieux	(aussi bien)	(moins bien)	le mieux
mal	plus mal / pis	(aussi mal)		le plus mal / le pis

- Je mange peu, mais elle mange encore **moins** que moi.
  我吃得很少，可她吃得比我还少。
- Bernard travaille **mieux** que Jacques. 贝尔纳比雅克干得好。
- La situation va de mal en **pis**. 情况越来越糟了。
- Catherine est tombée malade depuis trois jours, et aujourd'hui elle va **plus mal** qu'hier.
  卡特琳娜病了三天了，而且今天的病情比昨天更严重了。
- Ca me convient le mieux. 这个最合适我。
- Les parents aiment le moins le benjamin parmi leurs enfants.
  在孩子中，父母亲给最小儿子的关爱是最少的。

第九章 介词

第一节 介词的形式

一、简单形式的介词

简单形式的介词由一个词构成,如:à(在,向),de(从,自),avant(在……之前),après(在……之后),devant(在……前面),derrière(在……后面),entre(在……之间),dans(在……里),sur(在……上),sous(在……下),envers(朝向),avec(和,跟),sans(没有),depuis(自从),pendant(在……期间),en(在……),pour(为了),par(用,被),contre(反对),selon(根据),parmi(在……之中),malgré(不管,尽管),outre(除……之外),hormis(除……之外)等。

二、介词短语

介词短语即复合形式的介词,如:grâce à(多亏),à cause de(由于),en raison de(因为),afin de(为了),de manière à(以致),près de(靠近),loin de(远离),en face de(在……对面),au-dessus de(在……之上),au-dessous de(在……之下),à travers(经过)par rapport à(与……相比),d'après(根据),conformément à(按照),au bout de(……之后),en dépit de(不顾),faute de(由于缺乏……),au lieu de(不……而……)等。

第二节 介词的用法

一、介词的后置成分

由介词引导的词或词组称为介词的后置成分,又称介词补语。介词的后置成分通常可以是名词、代词、数词、副词、副动词、不定式、形容词、过去分词等。

- Hier après-midi, nous sommes allés en ville **à pied.**
  昨天下午,我们步行去城里了。

- Il a fait tout cela **pour lui-même.** 他做这一切,都是为了他自己。
- Ce train **roule à** 130 **km** à l'heure. 这趟火车时速是 130 公里。
- Personne ne le connaît. Il est venu **de très loin.**
  没有人认识他,他是从很远的地方来的。
- **En montant** sur l'escabeau, il a glissé. 登上踏步梯,他滑了一下。
- Je vous prie **d'agréer** mes salutations distinguées.
  请接受我崇高的敬意。
- Claude passe **pour habile.** 克洛德被认为是个能干人。
- Pendant cette guerre, il y avait 154 soldats **de tués.**
  这场战争中有 154 名士兵阵亡。

注意:après 后面不可以直接接动词,不可以说:après passer l'examen,但可以接复合过去分词,如:**après avoir passé** l'examen(考完试)。

如果 avant 后面跟动词,必须加上介词 de。如:

Avant d'aller à l'école, il fait des courses.(上学前,他买了东西)。

二、介词的语法作用

介词加上后置成分构成介词结构,可以在句子中充当各种成分。

1. 作名词补语

- Ses paroles ont suscité la colère **de nombreux députés.**
  他的话触怒了很多议员。
- J'ai une faim **de loup.** 我饿死了。

2. 作代词补语

- Sa vie est plus dure que celle **de son frère.** 他的生活比他弟弟还要难。
- Certains **d'entre vous** n'ont pas le sens de responsabilité.
  你们中间的一些人没有责任感。

3. 作形容词补语

- Je suis très content **de vous retrouver.** 很高兴能够再见到您。
- Elle a rougi **de honte.** 她羞愧得脸都红了。

4. 作动词的直接宾语或间接宾语

- Il aime **à lire.** 他希望读书。
- Je vous prie **de m'excuser.** 请您原谅。

5. 作施动者补语

- Il a été renversé **par une voiture**. 他被汽车撞倒了。
- Ce vieux général est respecté **de tous**. 这位老将军受到大家的尊敬。

6. 作状语

- J'apprends le français **depuis** 5 ans. 我学了5年法语。
- Il a décidé de passer ses vacances **au bord de la mer**.
  他决定去海边度假。

7. 作表语

- Cette vase à fleurs est **en porcelaine**. 这个花瓶是瓷的。
- Les documents que vous avez demandés sont **sur votre bureau**.
  您要的那些文件在您的办公桌上。

第三节 常见介词的用法

一、à 的基本用法

1. 表示地点

- On va **au** musée du Louvre demain. 明天,我们去卢浮宫。
- Il est né **à** Beijing en 1973. 他1973年出生在北京。

2. 表示时间

- Je passerai te prendre **à** six heures. 我6点钟来接你。
- **A** ce moment-là, elle était en train de faire ses bagages.
  那时她正在收拾行李。

3. 表示方式或工具

- Comment vous y allez? **A** pied ou **à** bicyclette?
  您怎么去? 步行还是骑车?
- Charles a acheté une voiture **à** crédit. 夏尔贷款买了一辆车。

4. 表示从属

- **A** qui sont les livres sur la table? 桌上的那些书是谁的?
- Il a un style **à** lui. 他有自己独特的风格。

5. 表示用途、目的

boîte **aux** lettres(信箱)   brosse **à** dents(牙刷)
lettre **à** poster(要寄的信)   salle **à** manger(餐厅)
machine **à** coudre(缝纫机)   machine **à** laver(洗衣机)

6. 表示特征、特点

femme **aux** cheveux blonds(金发女郎)
homme **au** manteau noir(穿黑色大衣的男人)
instrument **à** quatre cordes(四弦乐器)
canne **à** sucre(甘蔗)

7. 表示数量、价格

- Il sont venus **à** dix. 他们10个人一起来的。
- On vend ce vin **à** 5 francs la bouteille. 这种酒卖5法郎一瓶。

8. 表示倾向或企图

- Cette coutume tend **à** disparaître. 这一风俗逐渐趋于消失。
- Le patron est favorable **à** mon projet. 老板赞成我的计划。

9. 引出宾语或补语

nuire **à** la santé(有害健康)   le recours **à** la force(诉诸武力)
fidèle **à** sa parole(信守诺言)   apprendre **à** nager(学习游泳)

10. 用于省文句名词前,表示呼唤、愿望,如:

- **Au** feu!（救火!）
- **Au** revoir!（再见!）
- **Au** secours!（救命呀!）
- A votre santé!（祝您健康!）
- A Nanjing!（南京见!）
- A bas les réactionnaires!（打倒反动派!）
- A la prochaine!（下次见!）
- A lundi!（星期一见!）

二、de 的基本用法

1. 表示从属关系

- L'appartement **de** Fanny se trouve au centre-ville.

法妮家位于市中心。
- Je connais depuis longtemps le fis **de** Bertrand.
  我跟贝特朗的儿子认识很久了。

2. 表示来源

- — **D'**où venez-vous? 你们从哪儿来?
  — Nous venons de la province **du** Jiangsu. 我们来自江苏。

3. 表示时间

- **Du** jour où il a adhéré à ce parti, il ne l'a jamais trahi.
  他自从加入了这个政党,就从来没有背叛过。
- Je n'ai rien mangé **de** toute la journée. 我一整天都没有吃过东西。

4. 表示材料、属性

colonne **de** marbre(大理石柱子)　　tissu **de** laine(毛料)
lit **de** bois(木床)　　cœur **de** pierre(铁石心肠)

5. 表示方式、方法

agir **de** concert(一致行动)　　remercier **de** tout cœur(衷心感谢)
marcher **d'**un pas rapide(快步行走)　　faire signe **de** la tête(点头示意)

6. 表示计量、差异

avancer **d'**un pas(前进一步)　　retarder **de** 5 minutes(慢5分钟)
augmenter **de** 3%(增长3%)
appartement **de** 3 pièces(三个单间的套房)

7. 表示原因

être puni **de** ses fautes(犯错受罚)
être surpris **d'**une nouvelle(惊讶于某个消息)
dommages **de** guerre(战争造成的损失)
mourir **de** maladie(病死)

8. 引导动词不定式

- Nous sommes heureux **de** vous rencontrer ici.
  我们很高兴能在这儿见到您。
- Il est temps **de** prendre la décision. 作决定是时候了。

9. 引导被动语态的施动者，动词通常表示情感

- Ce vieux villageois est respecté **de** tous.
  这位老村民得到大家的尊敬。
- N'est-il pas connu **de** tout le monde? 大家不认识他吗?

三、dans 的基本用法

1. 表示地点

- J'ai lu une histoire touchante **dans** le livre que tu m'avais donné.
  在你送的那本书里，我读到了一则感人的故事。
- Elle jeta la lettre **dans** la corbeille de papier. 她把信扔进了字纸篓。

2. 表示时间

- Attendez un peu. Je reviendrai **dans** 5 minutes.
  稍等一下，我 5 分钟后就回来。
- Paul va aller au Japon après-demain. 保尔后天去日本。

3. 表示状态、状况

- Toute la ville baigne **dans** l'allégresse. 整个城市都沉浸在喜悦之中。
- Les marchandises ont été livrées **dans** de bonnes conditions.
  货物已完好无损地交付了。

4. 表示方式、方法

boire **dans** un verre（用玻璃杯喝） répondre **dans** un sourire（以微笑作答）
maison construite **dans** tel style（按照某种式样建造的房屋）

5. 表示约数（dans＋les＋数词）

- Ce pantalon coûte **dans** les trois cents RMB.
  这条裤子大约要 300 元人民币。
- Elle a **dans** les quarante ans. 她 40 岁左右。

四、en 的基本用法

1. 表示地点

- Ils vont **en** ville tous les week-ends. 他们每个周末都进城。
- La famille Durand a émigré **en** Allemagne. 杜朗一家移居德国了。

注意：涉及国名时，阴性名词和以元音字母开头的阳性名词前用 en，省略

定冠词；以辅音字母开头的阳性名词前用 à，定冠词不能省略。如：

en France(在法国)　　　　　en Iran(在伊朗)
au Japon(在日本)　　　　　aux Etats-Unis(在美国)

2. 表示时间

en hiver(在冬季)　　　　　en juillet(在 7 月)
en 3 minutes(在 3 分钟之内)　en un rien de temps(一会儿工夫)

3. 表示范围(在……方面)

- Franc est très fort en chimie. 弗兰克对化学很精通。
- Nous ne différons qu'en un seul point. 我们只在一点上有分歧。

4. 表示材料

table en marbre(大理石桌子)　statue en pierre(石像)
bague en or(金戒指)　　　　maison en briques(砖房)

5. 表示方式

vendre en gros(批发)　　　　s'entretenir en français(用法语交谈)
mourir en héros(壮烈牺牲)　　payer en chèque(用支票支付)

注意：乘坐有轿箱的交通工具用 en，如：en voiture, en avion, en bateau, en train 等，而骑摩托车、骑自行车、步行用 à，如：à moto, à vélo, à pied 等。

6. 表示目的或结果

diviser en deux parties(分成两部分)　cassé en mille miettes(砸得粉碎)
entrer en vigueur(生效)　　　　　　mettre en application(执行)

7. 表示服饰

- Le garçon en rouge qui joue au football est mon fils.
  那个正在踢足球的、穿红衣服的男孩是我的儿子。
- Monsieur Leblanc est toujours en cravate.
  勒布朗先生总是系着领带。

8. 与现在分词构成副动词

- En rentrant chez lui, il a rencontré un vieil ami.
  在回家的路上，他碰到了一个老朋友。
- L'appétit vient en mangeant. 越吃越想吃。

五、par 的基本用法

1. 表示地点（经过；从；在；走遍）

jeter l'argent **par** la fenêtre（把钱扔进水里）
passer **par** Paris（经过巴黎）　　　être assis **par** terre（席地而坐）
courir **par** les rues（在街上到处奔跑）　aller (de) **par** le monde（走遍全世界）

2. 表示分配（按照，每）

- Le médecin lui a demandé de prendre ce médicament trois fois **par** jour. 这种药医生让他每天吃三次。
- Entrez un **par** un, s'il vous plaît. 请一个一个地进来。

3. 引入施动补语（被，由）

- Le Premier ministre a été critiqué **par** la presse.
  总理遭到了新闻报刊的指责。
- Luc a été renvoyé **par** son patron. 吕克被老板辞退了。

4. 表示方式（用，以，通过）

répondre **par** oui ou **par** non（用"是"或"不是"来回答）
retenir **par** cœur（记住，背下）　　obtenir qch. **par** la force（以武力夺取）
nettoyage **par** le vide（真空吸尘）　**par** exemple（例如）

5. 表示原因（出于，由于）

- Cet exposé pèche **par** sa longueur. 这篇报告的毛病是篇幅太长。
- Il est revenu à la vie **par** miracle. 他奇迹般地康复了。

6. 表示天气、时间

- **Par** une belle matinée de printemps, Lucien et sa femme sont allés à la pêche. 在一个春光明媚的早晨，吕西安带着妻子去钓鱼。
- Il sort **par** tous les temps. 不管是什么样的天气，他都要出去。

六、pour 的基本用法

1. 表示目的、去向

- Je partirai demain **pour** Montréal. 我明天去蒙特利尔。
- L'avion **pour** Beijing va décoller. 去北京的飞机就要起飞了。

2. 表示时间(在……时间内,计,达)

- Je m'en vais à l'étranger **pour** six mois. 我要出国六个月。
- **Pour** le moment, je n'ai pas d'autres questions.
  我暂时还没有其他问题。

3. 表示目的

- Va chercher une tenaille **pour** arracher ce clou.
  找把老虎钳子来拔掉这根钉。
- Si je t'ai donné ces livres, c'est **pour** que tu t'en serves.
  我给你这些书是想让你看的。

4. 表示对象、用途

- Il a beaucoup d'affection **pour** vous. 他很喜欢您。
- Voici des cachets **pour** la grippe. 这儿有一些感冒药。

5. 表示原因

- Il est condamné à prison **pour** vol. 他因偷窃而被判入狱。
- Il a mal à l'estomac **pour** avoir trop mangé. 他吃得太多,胃疼了。

6. 表示等值或比例关系

- J'ai acheté cette voiture **pour** cent mille euros.
  我买这辆车花了十万欧元。
- Le patron a augmenté mon salaire de cinq **pour** cent.
  老板给我加了5％的薪水。

7. 表示代替

- Il a payé **pour** moi. 他替我付了账。
- Comme le directeur n'est pas venu, le directeur adjoint va parler **pour** lui. 主任没来,副主任会替他发言。

8. 表示结果(以致)

- Il y a des gens assez naïfs **pour** le croire.
  有些人相当天真,是会相信这种事的。
- Il est trop jeune **pour** assumer cette fonction.
  他太年轻了,不足以担当这一职务。

9. 作为、当作

- Elle me prend **pour** son propre enfant. 她把我当成自己的孩子。

- Nous avons **pour** but d'inciter à l'achat. 我们的目的是促进消费。
- Nous avons **pour** professeur monsieur Durant.
  我们的老师是杜朗先生。

10. 表示两个动作的紧接

- Il sortit **pour** rentrer aussitôt. 他出去后,立刻又走了回来。
- La réunion s'est arrêtée à cinq heures et demie **pour** reprendre à six heures. 会议5点半中止,6点钟又开始了。

第十章 连 词

连词的作用是连接两个以上的词、词组或分句,无词形变化,可分为并列连词和从属连词,前者连接词、词组或分句,后者连接主句和从句。

第一节 并列连词

一、表示并列或联合关系

如:et(和),ni(也不),ainsi que(正如,以及)等。

- Taisez-vous **et** écoutez! 别说了,听着!
- Elle n'a laissé **ni** son nom **ni** son adresse.
  她既没留下姓名,也没留下地址。

二、表示选择或更替关系

如:ou(或者),ou bien(或者),soit... soit...(或者……或者……),tantôt... tantôt...(时而……时而……)等。

- Il lui est égal d'être ici **ou** là. 在这还是在那,对他来说都一样。
- N'hésitez pas! **Soit** que vous restiez, **soit** que vous partiez.
  别犹豫了!您要么留下来,要么走。

三、表示对立、转折或限制关系

如:mais(但是),pourtant(然而),cependant(然而),toutefois(可是),néanmoins(然而),du moins(至少),du reste(况且),d'ailleurs(此外),seulement(不过)等。

- Je vais voir le médecin, **mais** pas pour le moment.
  我会去看医生,但不是现在。
- Même si je ne réussis pas, j'aurai **du moins** fait tout mon possible.
  即使我不成功,至少我会尽力。

四、表示原因关系

如：car(因为)，en effet(因为)等。

- Nous avons eu de bonnes vacances, **car** le temps a toujours été très beau. 我们过了一个愉快的假期，因为天气一直都很好。
- Il ne pouvait pas nourrir sa famille ; **en effet**, il gagnait très peu. 他养不活全家人，因为他挣的钱太少。

五、表示结果或后果

如：donc(所以)，ainsi(因此)，aussi(因此)，c'est pourquoi(因此)等。

- Elle était très timide, **aussi** n'osa-t-elle rien répondre. 她很腼腆，因此什么也没敢回答。
- Il ne voulait pas te mentir, **c'est pourquoi** il ne t'a pas répondu. 他不想对你撒谎，所以没有回答你。

六、表示过渡或转折关系

如：or(不过、然而)，or donc(不过)等。

- J'ai perdu mon sac il y a trois mois, **or** ce matin je l'ai vu sur mon bureau. 我的包已经丢了3个月，但今早在我的办公桌上又见到了。

七、表示说明关系

如：c'est-à-dire(就是说)，soit(就是)，à savoir(即)，c'est à savoir(也就是)等。

- Prenez ce médicament toutes les huit heures, **soit** trois fois par jour. 这种药每隔8小时服用一次，也就是每天服用三次。
- Il m'a demandé de chercher un hygromètre, **c'est-à-dire** un appareil pour mesurer le degré d'humidité de l'air. 他让我去找了一个湿度计，就是测量空气湿度的仪器。

第二节 从属连词

一、表示原因关系

如：parce que(因为)，puisque(既然、因为)，étant donné que(由于)，vu que(鉴于)，comme(因为)，si... c'est que(之所以……是因为)等。

- Il est tombé **parce que** le chemin était glissant. 由于路滑,他摔倒了。
- Il faut renoncer à cette dépense, **vu que** les crédits sont épuisés.
  鉴于拨款已经用完,这笔支出就不应再考虑。

二、表示后果关系

如:de façon que(以致),de sorte que(以致),de manière que(以致),si bien que(以致),tellement... que(如此……以致)等。

- Il se comporte **de telle façon qu'**il n'a pas d'amis.
  他行为怪癖,因而没有朋友。
- Ce pays a **tellement** changé **que** je ne puis en croire mes yeux.
  这地方变化那么大,我都不敢相信自己的眼睛了。

三、表示目的关系

如:afin que(为了),pour que(为了),de façon que(为的是),de sorte que(以使),de manière que(为了)等。

- Articulez **de sorte qu'**on vous comprenne bien.
  说清楚些,好让大家听明白。
- Elle a fait cela **afin que** tout le monde soit informé.
  她这样做,是为了让所有人都能够了解。

四、表示时间关系

如:quand(当……时),lorsque(当……时),comme(当……时),pendant que(在……期间),tandis que(当……时),dès que(一……就),aussitôt que(一……就),à peine... que(刚一……就),avant que(在……之前),après que(在……之后)等。

- **Dès qu'**il sera arrivé, vous m'avertirez. 他一到,您就通知我。
- **Lorsque** tu auras fini ton travail, tu viendras me voir.
  你办完事之后就来看我。

五、表示让步关系,从句里的动词用虚拟式

如:bien que(虽然),quoique(虽然),malgré que(尽管),quoi que(无论是什么),quel que(无论是什么),quelque... que(无论多么……),qui que(无论是谁),où que(无论在哪里)等。

- **Bien que** je n'approuve pas entièrement sa démarche, je le soutiendrai. 我虽然不能完全赞同他的想法,但还是会支持他。

- **Qui que** vous soyez, vous devez respecter la loi.
  不管您是谁,都必须遵守法律。
- **Où que** vous soyez, il vous faut rester en contact avec moi.
  无论你在哪儿,必须跟我保持联系。
- **Quelque** danger **qu'**on ait, on doit rester calme.
  不管有什么危险,都要保持镇静。

六、表示条件关系

如:si(如果),à condition que(只要),pourvu que(只要),à moins que(除非),en cas que(假如、万一),au cas où(假如、万一),supposé que(假如)等。

- Nous irons faire du ski **pourvu qu'**il y ait de la neige.
  只要有雪,我们就去滑。
- **Au cas où** il ne viendrait pas, appelez-le au téléphone.
  他要是不来,您就打电话给他。

七、表示比较关系

如:comme(如同),plus...que(比……更),moins...que(不如……),aussi...que(跟……一样),comme si(好像),de même que(正如)等。

- Ça se casse **comme si** c'était du verre. 这个东西像玻璃一样易碎。
- Le prix de l'essence, **de même que** celui du tabac a augmenté de 7%。
  汽油和烟草价格上涨了7%。

第二部分　句　法

第一章　句子的成分

法语中句子的成分包括主语、谓语、宾语、状语、形容语、同位语、补语等，其中主要成分是主语和谓语，本章重点介绍主语、谓语和宾语。

第一节　主语

主语是句子的主体和陈述对象，可由名词、代词、不定式和名词性从句担任，其他成分都要受到主语的制约。

一、主语的种类

1. 名词主语

- **Le ciel** est clair et bleu. 天空明亮而蔚蓝。
- **L'Allemagne** est l'un des pays les plus développés de l'Europe.
  德国是欧洲最发达的国家之一。
- **Monsieur Li et Catherine** se sont mariés le mois dernier.
  李先生和卡特琳娜上个月结婚了。

2. 代词主语

- **Je** suis arrivé à Nice vers 21 heures. 我21点左右到达尼斯。
- **C'**est un client difficile. 这是个难伺候的顾客。
- **Personne** ne veut me donner un coup de main. 没人愿意帮助我。

3. 不定式主语

- **Fumer** nuit gravement à la santé. 吸烟会严重损害健康。
- **Conduire la nuit** me fatigue. 夜间驾车令我很疲劳。
- **Travailler à l'étranger** n'est pas un mauvais choix.
  去国外工作是个不错的选择。

4. 名词性从句主语，从句用虚拟式

- **Qu'il ait remporté le premier prix** m'étonne beaucoup.
  他得了一等奖，这让我感到很惊讶。

（**注意**：不能说成 Qu'il a remporté le premier prix m'étonne beaucoup.）

- **Qu'il ait déclaré forfait** a déçu bien des gens.
  他弃赛的行为令很多人失望。

（**注意**：不能说成 Qu'il a déclaré forfait a déçu bien des gens.）

- **Que mes parents viennent passer le week-end avec nous** me fait un grand plaisir. 我父母要过来跟我们一起度周末，这让我很开心。

（**注意**：此处的 viennent 是虚拟式，不是直陈式）

二、主语的位置

1. 一般情况下，主语在谓语动词之前。

- **Les enfants** sont restés seuls à la maison. 孩子们自己待在家里。
- En France, **on** mange beaucoup de fromage.
  在法国，人们吃奶酪吃得很多。
- **J'**ai quelque chose d'important à vous dire. 我有重要的事要跟您说。

2. 有时会出现主谓倒装的现象。
1) 在疑问句中（参见第二章第一节疑问句的构成）。

- A quoi sert **ça**? 这有什么用？
- Pourquoi ne m'as-**tu** pas prévenu? 你为什么不预先通知我？

2) 在插入句中（参见第七章第一节直接引语）。

- «Marc, lui dit **Pascal**, prête-moi ton stylo s'il te plaît.» 马克，"帕斯卡尔说，"请把你的笔借给我。"
- «Quel paresseux!» murmure-t-**elle** dans son cœur. "真是个懒虫！"她在心里嘀咕道。

3) 在某些副词或副词短语引导的句子中，如 ainsi, aussi, encore, sans doute, peut-être 等。

- Elle n'a pas révisé ses leçons, aussi n'ose-t-**elle** rien répondre.
  她没有复习课文，所以什么都不敢回答。
- Le séisme est terrible, encore est-**il** difficile de le prévoir.
  地震是可怕的，而且还很难预测。
- Sans doute cela est-**il** nécessaire. 这大概是有必要的。
- Peut-être a-t-**il** oublié le rendez-vous. 他可能忘记这个约会了。

4) 在以状语（特别是时间、地点状语）或间接宾语开头的句子中。

- De tous côtés arrivaient **des nouvelles inquiétantes**. 令人不安的消息纷至沓来。
- A cela, vient s'ajouter **une nouvelle difficulté**.
  在这件事上又添了一个新的难题。

5) 在某些时间从句和比较从句中。

- Comme disait **le romancier**, ce drame n'est pas un cas fortuit.
  正如小说家所言,这个悲剧不是偶然的。
- Quand vient **la nuit**, la peur s'empare de lui.
  当黑夜降临时,他恐惧万分。

6) 在某些让步从句中。

- Quel que soit **le mode de chauffage employé**, il sera insuffisant dans une maison aussi vaste.
  不管采用哪种取暖方式,在这么大的房子里总是不够暖和。
- Si légère soit-**elle**, une paille fait du poids. 麦秆再轻,也有重量。

7) 为了平衡句子结构而作出的主谓倒装。

- L'institutrice entre dans la chambre où habitent **Caroline et Sylvie**.
  老师走进卡罗琳娜和西尔薇的房间。
- Enfin arrivent **les grandes vacances**! 暑假终于来了!

三、形式主语和实质主语

1. 当人称动词用作无人称动词时,主语通常由代词 il 或 ce 承担,但没有实际意义,只是形式上的主语,句子中另有实质主语,如:

- Il lui arrive un malheur. 他遇到不幸。
  (形式主语是 il,实质主语是 un malheur)
- Il reste encore deux pommes dans le réfrigérateur.
  冰箱里还剩两个苹果。
  (形式主语是 il,实质主语是 deux pommes)

2. 动词不定式作实质主语时,句中往往有形式主语。

- C'est difficile de répondre à cette question. 这个问题很难回答。
  (形式主语是 ce,实质主语是 répondre à cette question)
- Il est très important d'avoir un bon coopérateur.
  拥有一个好的合作者是非常重要的。
  (形式主语是 il,实质主语是 avoir un bon coopérateur)

3. 以 que 引导的名词性从句常常是句子的实质主语。

- Il paraît que le vin sera excellent cette année.
  看样子今年的葡萄酒好极了。
  (形式主语是 il,实质主语是 le vin sera excellent cette année)
- Il arrive qu'on puisse patiner sur ce lac.
  有时候可以在这个湖面上溜冰。
  (形式主语是 il,实质主语是 on puisse patiner sur ce lac)
- Il était évident que l'enfant pleurait parce qu'il avait mal.
  显然孩子是因为疼才哭的。
  (形式主语是 il,实质主语是 l'enfant pleurait parce qu'il avait mal)

第二节 谓语

谓语是对主语加以陈述说明,表现主语行为和状态的成分。包括动词谓语和名词谓语两大类。

一、动词谓语

动词谓语由变位动词或变位动词短语构成。

1. 简单动词作谓语

谓语由一个变位动词或变位动词短语构成,如:

- Il **téléphone** à sa mère tous les dimanches.
  他每个周日都给母亲打电话。
- Le train **est parti** à midi. 火车中午 12 点出发。
- Le petit garçon **a pris conscience** de sa force.
  小男孩意识到自己的力量。
- J'**ai besoin** de ton soutien. 我需要你的支持。

2. 复合动词作谓语

谓语由一个变位半助动词加上动词不定式构成,如:

- A Paris, on **peut prendre** le métro jusqu'à une heure du matin.
  在巴黎,凌晨一点之前人们都能乘地铁。
- Jacques n'est pas encore là. Il **a dû avoir** un problème.
  雅克还没回来。他一定是遇到什么麻烦。
- La tempête **a fait tomber** beaucoup d'arbres. 暴风雨刮倒了很多树。
- Taisez-vous! **Laissez parler** Pauline! 闭嘴!让波莉娜说话!

二、名词谓语

名词谓语由系动词加表语构成，表现主语的状态、特征、属性等，其中系动词起语法作用，表语起描述作用。

1. 系动词

1) 最常见的系动词是 être

- Les rues du village **sont** désertes le soir. 夜晚，乡村的路上空无一人。
- Madame Morin **est** journaliste. 莫兰太太是记者。

2) rester, demeurer, sembler, paraître, avoir l'air, devenir 等表示状态的系动词

- Emile **semble** très content de son nouveau travail.
  埃米尔似乎对他的新工作很满意。
- En automne, les feuilles des arbres **deviennent** rousses.
  秋天，树叶变黄了。
- Elle **est restée** éveillée toute la nuit. 她整晚都醒着。
- Ce plat **a l'air** délicieux. 这道菜看起来很鲜美。
- Elle est **devenue** laide. 她变丑了。

3) vivre, naître, mourir, tomber 等不及物动词也有系动词功能

- Marianne **vit** toute seule. 玛丽亚娜独自一人生活。
- Il **est né** musicien. 他天生就是个音乐家。
- Son fils **est mort** jeune. 他儿子夭折了。
- Joséphine **est tombée** malade. 约瑟菲娜生病了。

4) 某些代词式动词也有系动词作用，如 se tenir, se sentir, se montrer, se révéler 等

- Il **se tient** debout. 他站着。
- Madeleine **se sent** fatiguée après une journée de travail.
  工作了一整天，玛德莱娜觉得很累。
- Il **s'est montré** excellent chef d'équipe.
  他表现出了一名优秀队长的风范。

2. 表语

表语包括主语的表语和直接宾语的表语，主语的表语可由名词、形容词、代词、副词、分词、不定式或名词性从句等担任。

1) 名词作表语

- Je suis **étudiant** à l'Université de Nanjing. 我是南京大学的学生。
- Jacques Chirac était **ancien président** de la France.
  雅克·希拉克是法国前总统。
- Comment est-il devenu **Président** de la République?
  他是如何成为国家总统的?

2) 形容词作表语

- Le chien se fait tout **petit**, tout **bas**. 狗蜷缩成小小的一团,趴在地上。
- **Telle** est la situation actuelle. 目前的概况就是这样。

(注意:此处 telle 是表语而不是主语,主语是 la situation actuelle)

3) 代词作表语

- — **Qui** est-ce? 是谁?
- —Vous êtes le responsable? 您是负责人吗。
  — Oui, je **le** suis. 是的,我就是。

4) 不定式作表语

- Vouloir, c'est **pouvoir**. 有志者事竟成。
- L'important est **de se décider** tout de suite. 关键在于立即作出决定。
- Ce qui compte, c'est **de gagner** le prix. 重要的是要获奖。

5) 名词性从句作表语

- Le problème est **que le directeur n'approuve pas notre projet**.
  问题是主任不赞成我们的计划。
- Il a voulu sauter par la fenêtre; le résultat est **qu'il s'est foulé la cheville**. 他想从窗口跳出去,结果扭伤了踝骨。

6) 其他形式的表语

- Nous sommes **trois** dans notre famille.
  我们家有三口人。(数词作表语)
- Les deux enfants étaient **debout**. 这两个孩子站着。(副词作表语)
- Le téléviseur est **en panne**. 电视机出了故障。(介词短语作表语)
- Ne t'inquiète pas, tu seras bientôt **guéri**.
  别担心,你很快就会痊愈。(过去分词作表语)

7) 直接宾语的表语

某些动词的直接宾语也可以有表语,如:croire, considérer, trouver,

appeler, nommer, juger, élire, rendre, déclarer, vouloir 等。

- Je trouve ce documentaire très **intéressant.**
  我觉得这部纪录片很有意思。
- Nous trouvons Nathalie belle et **gentille.**
  我们觉得娜塔丽美丽又可爱。
- On l'a nommé **chef d'état-major.** 他被任命为参谋长。
- Les huîtres me rendent **malade.** 我吃牡蛎吃出了病。
- Je vous crois **capable** de réussir. 我认为您能获得成功。

第三节　谓语与主语的配合

谓语受到主语的制约，必须与主语作性数和人称的配合。

一、一般规则

1. 动词谓语须与主语作人称的配合，名词谓语还必须注意性数的配合。

- Les jeunes **aiment** les jeux vidéo. 年轻人爱玩电子游戏。
- Le loup et le renard **sont des animaux carnivores.**
  狼和狐狸是食肉动物。
- Elle **est arrivée** hier soir en Suisse. 她昨晚到达瑞士。
- Les clients étrangers **ont été** chaleureusement **accueillis.**
  外国客人受到了热情接待。

2. 关系从句中的谓语与先行词配合

- C'est moi qui **ai fait** cette erreur. 这个错误是我犯的。
- Vous qui **êtes** du quartier, indiquez-moi un bon restaurant !
  您是本小区的人，请给我介绍个好餐馆吧。
- Il y a beaucoup d'espèces animales qui **ont disparu.**
  很多动物物种已经灭绝了。

注意：
1) 代词式动词的复合时态中，如果自反代词作直接宾语，或者代词式动词表示绝对意义和被动意义（参见第一部分第六章第一节），则过去分词必须与主语配合，其他情况则无须配合，试比较：

- Avant le petit déjeuner, elle s'est **lavée.** 她早餐前洗了澡。
- Avant le petit déjeuner, elle s'est **lavé** les mains. 早餐前她洗了手。
  （les mains 是直接宾语，se 降格为间接宾语，因而句中的过去分词不

- Pierre et Gisèle se sont **occupés** de leur usine.
  皮埃尔和吉泽尔管理他们的工厂。
- Pierre et Gisèle se sont souvent **écrit**. 皮埃尔和吉泽尔经常通信。
  (écrire à 是间接及物动词,因而句中的过去分词不需要配合)

二、特殊情况

1. 主语人称不统一

当并列的几个主语人称不统一时,按照下列规则配合:

第一人称＋第二人称 ⇒ 第一人称复数
第一人称＋第三人称 ⇒ 第一人称复数
第二人称＋第三人称 ⇒ 第二人称复数

- Toi et moi **avons** le même âge. 你跟我同龄。
- Bertrand et moi **aimons** beaucoup le cinéma. Nous y allons deux fois par semaine. 我和贝特朗很喜欢看电影。我们每星期去两次电影院。
- Madame, votre bébé et vous **avez** la priorité pour prendre un taxi. 太太,您跟您的宝宝享有优先搭乘出租车的权利。

2. 主语由连词 ou 或 ni...ni 连接

1) 由 ou 连接的主语,根据整个句子的意义来确定其性数。

- Le Président ou le Premier ministre **accueillera** le Chancelier allemand à sa déscente d'avion. 总统或总理将为德国总理接机。
- Le vert ou le bleu **seraient** très jolis pour les rideaux de cette chambre. 这个房间挂绿色或蓝色的窗帘都很漂亮。

2) 由 ni...ni 连接的主语,谓语用单数或复数皆可。

- Ni son père ni sa mère ne **pourront** / **pourra** venir à sa remise de diplôme. 他父母亲不能来参加他的毕业典礼。
- Pierre et Marie se disputent, mais, à mon avis, ni l'un ni l'autre **n'a**/ **n'ont** raison.
  皮埃尔和玛丽吵起来了,可是在我看来,他们两个都没有道理。

3. 主语是集体名词

1) 如果主语是集体名词,并且没有名词补语,谓语用单数形式。

- La foule **se pressait** à l'entrée du théâtre. 人群挤在剧院门口。
- Le public **a applaudi** le pianiste pendant dix minutes.

观众为钢琴家鼓掌了十分钟。

2) 如果主语是集体名词,并且后面跟有名词补语,则谓语既可以与集体名词配合,使用单数形式,也可与名词补语配合,使用复数形式。

- Un groupe de touristes **visite** / **visitent** les châteaux de Versailles.
  旅游团参观凡尔赛城堡。
- Une classe de collégiens français **a approuvé** / **ont approuvé** cette réforme. 一个班的法国初中生支持这项改革。

4. 主语是数量词+名词的结构,谓语与该名词配合。

- La plupart des magasins **sont ouverts** jusqu'à 20 heures.
  大多数商店开到晚上 8 点。
- La plupart du temps **a été perdu**. 大部分的时间都浪费了。
- 30% des électeurs **ont voté** à droite. 30%的选民都投了右派的票。
- Beaucoup de peine te **sera** épargnée. 你会少吃很多苦头。

注意:plus d'un 的谓语用单数,而 moins de deux 的谓语用复数,如:

- Plus d'un de ses compagnons **s'est enfui**. 他的同伴逃走了不止一个。
- Moins de deux heures **suffiront** pour finir ce travail.
  这项工作用不了两个小时就能完成。

5. 表语是 le seul qui, le premier qui, le dernier qui 等结构,则 qui 引导的关系从句的谓语既可与主句的主语配合,也可与先行词 le seul, le premier, le dernier 等配合。

- Vous êtes le seul qui **puissiez** m'aider.
  您是唯一可以帮助我的人。(与 vous 配合)
- Vous êtes le seul qui **puisse** m'aider.
  您是唯一可以帮助我的人。(与 le seul 配合)
- Vous êtes la dernière qui **arrive** en classe.
  您是最后一个进教室的。(与 la dernière 配合)
- Nous sommes les premiers qui **sommes partis** en Suisse.
  我们是第一批去瑞士的人。(与 nous 配合)

第四节 宾语

宾语是受谓语动词支配的句子成分,表示动词谓语涉及的人或事物,可由名词、代词、不定式和从句担任。法语中的宾语分为直接宾语和间接宾语,直接宾语由动词直接引导，中间不加介词，间接宾语则需要通过介词引导。因此，动词与宾语之间是否有介词，常常成为区别直接宾语和间接宾语的重要标志。

一、直接宾语

1. 名词作直接宾语

- Elle lit **un roman policier**. 她读一本侦探小说。
- La mère surveille **ses enfants**. 母亲看管她的孩子。

2. 代词作直接宾语

- J'ai vu un film hier soir. Je **l'**ai bien aimé.
  昨晚我看了一部电影，我太喜欢了。
- **Que** fais-tu le week-end? 你周末干点什么？

3. 不定式作直接宾语

- J'aime **faire** du bateau. 我喜欢划船。
- J'espère **avoir fait** ce qu'il fallait. 希望我做到了该做的事。

4. 从句作直接宾语

- Delphine comprend **que l'on se moque d'elle**.
  黛菲娜知道大家在嘲笑她。
- Louis demande **si tout est prêt pour le départ**.
  路易问出行事宜是否都准备好了。

二、间接宾语

1. 名词作间接宾语

- François répond à **la question du professeur**.
  弗朗索瓦回答老师的问题。
- Le conférencier parlera de **la politique européenne**.
  演讲人要谈的是欧洲政治。

2. 代词作间接宾语

- Elle accepte les fleurs qu'on **lui** offre. 她收下了别人送她的花。
- Ses parents sont en déplacement, donc c'est sa tante qui s'occupe de **lui**. 他父母出差了，所以由阿姨照顾他。

3. 不定式作间接宾语

- Il hésite à **accepter cette proposition**. 他犹豫要不要接受这个建议。
- Ils ont décidé de **faire le tour de la Bretagne** à bicyclette.
  他们决定骑自行车绕布列塔尼一圈。

4. 从句作间接宾语

- Je ne m'attends pas à ce **qu'il devienne un bon élève**.
  我没有想到他成为好学生。
- Il profita de ce **que tout le monde dormait encore** pour s'esquiver.
  他趁大家都还在睡觉的时候溜走了。

三、双宾语

很多动词可以同时引导两个宾语，具体结构如下：

1. 动词＋直接宾语＋间接宾语，这类动词有 apporter, demander, montrer, envoyer, donner, offrir, prêter, emprunter, acheter, présenter, raconter, dire 等。

- Nous avons acheté **un vélo** à **notre fils**. 我们给儿子买了一辆自行车。
- Il raconte souvent **des histoires** à **ses amis**. 他经常给朋友们讲故事。
- Il a présenté **sa petite amie** à **ses parents**.
  他把女朋友介绍给了父母亲。

2. 动词＋间接宾语＋de＋不定式，这类动词有 dire, permettre, promettre, demander, écrire, conseiller, proposer 等。

- A l'hôpital, on demande aux **visiteurs** d'**éteindre leur portable**.
  医院要求来访者把手机关掉。
- Le vendeur conseille au **client** de **bien lire le mode d'emploi de l'appareil** avant de l'utiliser.
  售货员建议顾客在使用机器前，好好阅读说明书。

3. 动词＋直接宾语＋à＋不定式，这类动词有 aider, encourager, autoriser, forcer, obliger 等。

- Il a aidé **la vieille dame** à **traverser la rue**. 他帮助老太太过了马路。
- Les professeurs encouragent **cet élève** à **poursuivre ses études**.
  老师们鼓励这个学生继续深造。

4. 动词＋直接宾语＋de＋不定式，这类动词有 accuser, empêcher,

féliciter, charger, persuader, convaincre 等。

- Le maire a félicité **les pompiers** d'**avoir montré tant de courage.**
  市长称赞消防员勇气可嘉。
- Elle a chargé **les enfants** de **faire la vaisselle.**
  她让孩子们承担洗碗的任务。

第二章 句子的种类

法语中的句子有多种划分方式。从内容上看，可以分为陈述句、疑问句、命令句、感叹句。从结构上看，可以分为简单句、复合句，复合句又可根据分句之间的关系，分为并列复合句、主从复合句等。同时，每种类型的句子均有肯定、否定、强调的句式。此处我们具体阐述几种比较重要的句型。

第一节 疑问句

法语中的疑问句有两种类型，以"是"或"否"来回答的是一般疑问句，针对某个句子成分，用疑问词来提问的是特殊疑问句。

一、一般疑问句

一般疑问句是对全句的提问，用"是"或"否"来回答，一般疑问句有三种构成方式：

1. 在口语中，陈述句句末语调上升，就构成一般疑问句，如：

- — Vous savez nager? 您会游泳吗？
  — Oui, bien sûr! 是的，当然！
- — Tu as compris ce que j'ai dit? 你听懂我刚刚说的话了吗？
  — Non, pas du tout. 没有，一点也没有懂。
- — On peut entrer? 我能进来吗？
  — Oui, je vous en prie. 是的，请进。

2. est-ce que＋陈述句，构成一般疑问句，如：

- — **Est-ce que** vous savez nager? 您会游泳吗？
  — Oui, bien sûr! 是的，当然！
- — **Est-ce que** tu as compris ce que j'ai dit? 你听懂我刚刚说的话了吗？
  — Non, pas du tout. 没有，一点也没有懂。
- — **Est-ce qu'** on peut entrer? 我能进来吗？
  — Oui, je vous en prie. 是的，请进。

3. 主谓倒装,构成一般疑问句:

1) 当主语是人称代词、泛指代词 on、指示代词 ce 时,直接将主语与谓语动词倒装并在两者之间加上连字符,如:

- — **Avez-vous** lu le journal d'aujourd'hui? 您看了今天的报纸吗?
  — Oui, je l'ai lu. 是的,我看过了。
- — **Peut-on** tolérer la violence? 我们能宽容暴力吗?
  — Non, en aucun cas. 不,无论如何都不能。
- **Est-ce** possible? 这可能吗?

2) 当主语是名词、指示代词(ce 除外)、泛指代词(on 除外)、主有代词时,须加入一个与主语性数一致的第三人称代词,将该代词置于谓语动词后,中间加上连字符-,如:

- — Cette table **est-elle** à vendre? 这张桌子卖不卖?
  — Non, elle est déjà vendue. 不卖,已经被人买走了。

(**注意**:不能说成 Est-cette table à vendre?)

- — Le directeur **accepte-t-il** de recevoir un client après 19 heures? 主任 19 点以后会接待客人吗?
  — Oui, parfois. 是的,偶尔也会。

(**注意**:不能说成 Accepte-le directeur de recevoir un client après 19 heures?)

- Cela **sert-il** à apprendre le français 这对学习法语有用吗?

(**注意**:不能说成 Sert-cela à apprendre le français?)

4. 否定形式的一般疑问句

一般疑问句也有否定形式,在这种情况下,肯定回答不用 oui,而用 si,如:

- — Vous n'avez pas d'enfant? 您没有孩子吗?
  — **Si**, j'en ai deux. 有,我有两个孩子。
- — Est-ce que ce n'est pas Monsieur Raffarin, l'ancien Premier ministre? 那不是前总理拉法兰先生吧?
  — Mais **si**, c'est lui. 是的,就是他。
- — La forteresse de la Bastille n'était-elle pas une prison avant la révolution? 在大革命之前,巴士底狱城堡不就是座监狱吗?
  — **Si**, c'est bien connu. 是呀,这是众所周知的。

注意:

1) 否定形式的一般疑问句,回答与事实保持一致,可能与中文习惯有所出入，试比较：

- — Tu ne viens pas déjeuner? 你不来吃饭了吗?
  — **Si**, j'arrive. 不，我来。(不能说成 Non, j'arrive.)
- — Tu ne viens pas déjeuner? 你不来吃饭了吗?
  — **Non**, je n'arrive pas. 是的，我不来了。(不能说成 Si, je n'arrive pas.)

2) 对一般疑问句作肯定回答时，oui 常常被 tout à fait, totalement, effectivement, absolument 等表示肯定的副词或短语代替。

3) n'est-ce pas 放在一般疑问句的句末，表示基本肯定的语气，不能看作否定形式的一般疑问句，如：

- — Vous êtes marié, **n'est-ce pas**? 您结婚了吧?
  — Oui, je suis marié. 是的，我结婚了。
- — Claire est mannequin, **n'est-ce pas**? 克莱尔是模特儿吧?
  — Oui, tout à fait. 是的，完全正确。

4) Je peux 在主谓倒装时应改成 Puis-je，如：

- **Puis-je** vous poser une question? 我能向您提一个问题吗?

二、特殊疑问句

特殊疑问句针对句子的某个成分（主语、宾语、状语或补语），用疑问代词、疑问形容词或疑问副词来提问，不能用"是"或"否"来回答。特殊疑问句的构成有以下几种情况：

1. 在口语中，可按陈述句的语序放置疑问词，如：

- Vous vous appelez **comment**? 您叫什么名字?
- Les Dupont habitent **où**? 杜邦一家住在哪儿?
- Marie est dans **quelle** classe? 马丽是哪个班的?
- C'est le livre de **qui**? 这是谁的书?

2. 当疑问词作主语时，特殊疑问句的语序与陈述句语序一致，如：

- **Qui** est votre directeur de recherches? 谁是您的导师?
- **Quelle** voiture est à Madame Renault? 哪一辆车是雷诺太太的?

注意：当疑问词 que 作主语时，必须用 qu'est-ce qui 的形式，如：

- **Qu'est-ce qui** se passe? 发生了什么事?（不能说成 Que se passe?）
- **Qu'est-ce qui** ne va pas? 出什么问题了?（不能说成 Que ne va pas?）

3. 当疑问词不作主语时，可用"疑问词＋est-ce que＋陈述句"的结构，如：

- **Qu'est-ce qu'**il a dit tout à l'heure? 他刚才说了什么？
- **Où est-ce qu'**elle habite? 她住在哪儿？
- **Quand est-ce qu'**il va venir? 他什么时候来？
- **Comment est-ce qu'**on peut aller à la bibliothèque? 去图书馆怎么走？

4. 疑问词＋主谓倒装的形式：

1) 当主语是人称代词、泛指代词 on、指示代词 ce 时，或者当疑问词作表语、宾语或补语时，可直接将主语与谓语动词倒装，如：

- Le thé et le café, lequel **préférez-vous**? 茶和咖啡，您要哪一个？
- Que **fait votre père**? 您父亲做什么工作？
- Quelle **est la couleur** de ses yeux? 他的眼睛是什么颜色的？
- A qui **parlent Sophie et Pierre**? 索菲和皮埃尔跟谁讲话？
- Où **vont les étudiants**? 学生们上哪儿去了？
- Qui **est-ce**? 是谁？
- Comment **dit-on** en français? 用法语怎么说？

2) 当主语是名词、指示代词(ce 除外)、泛指代词(on 除外)或主有代词，并且谓语动词有直接宾语、表语或补语时，必须加入一个与主语性数一致的代词，将该代词与谓语动词倒装，如：

- Où Monsieur Legrand **a-t-il** emmené les enfants?
  勒格朗先生把孩子们带到哪儿去了？
- Comment Napoléon **devint-il** empereur? 拿破仑是如何成为皇帝的？
- Quand Le Clézio **a-t-il** reçu le prix Nobel de la littérature?
  勒克雷齐奥是什么时候获得诺贝尔文学奖的？
- Combien de films Luc Besson **a-t-il** tournés?
  吕克·贝松导演过多少部电影？
- Quand Stéphanie **va-t-elle** au cinéma? 斯蒂法妮什么时候去电影院？

5. 在特殊疑问句中，疑问词前可以带有一个介词或介词短语，如：

- **De quoi** parlent les étudiants? 学生们议论什么？
- **Depuis quand** apprenez-vous le français? 您学法语学了多久？
- **A qui** est cette bicyclette? 这辆自行车是谁的？
- **Pour le compte de qui** travailles-tu? 你在给谁干活？
- **Jusqu'à quand** dure la foire de Paris? 巴黎博览会持续到什么时候？
- **Par où** les voleurs sont-ils passés? 小偷是从哪儿进来的？

注意：

1) qui 和 que 在特殊疑问句中的区别，参见下表：

成分	人		物
主语	qui		qu'est-ce qui
	qui est-ce qui		
直接宾语	qui		que
	qui est-ce que		qu'est-ce que
间接宾语或补语	à		à
	de		de
	par	+ qui	par + quoi
	avec		avec
	etc.		etc.

2) 不定式也可用于特殊疑问句中，表示犹豫或征求意见等，如：

- A qui **s'adresser**? 找谁呢？
- Comment **faire**? 怎么办呢？
- Que **dire**? 说什么好呢？
- Comment **aller** à l'hôtel de ville? 去市政厅怎么走？

第二节　否定句

否定句包含否定词，最常见的否定词是 ne，它可以与 pas, jamais, plus, guère, point 等副词或泛指形容词、泛指代词结合使用，表达各种各样的否定意义。

一、ne＋副词(**pas, jamais, plus, guère, point**)

1. ne...pas 表示一般否定。

- Paul **n'**aime **pas** voyager. 保尔不喜欢旅行。
- **Ne** parlez **pas** si fort, s'il vous plaît! 说话请不要这么大声!
- Hier, il pleuvait et les enfants **ne** sont **pas** sortis.
  昨天下雨了，孩子们没出门。
- Pardon, je **n'**ai **pas** compris votre question.
  对不起，我没有明白您的问题。

注意：否定词的位置

在否定句中，否定词 ne...pas(或 ne...plus, ne...jamais, ne...point, ne...guère 等类似结构)的位置随句子的不同而变化，具体如下：

1) 在简单时态中，按照 ne＋宾语人称代词＋动词＋pas 的顺序排列：

- Il **ne** m'a **pas** dit toute la vérité. 他没有对我说出全部真相。

2) 在复合时态中，按照 ne＋宾语人称代词＋助动词＋pas＋过去分词的顺序排列：

- Paul **ne** m'a **pas** rendu la voiture. 保尔没有把车还给我。
- Ils **ne** me t'ont **pas** présenté. 他们没有把你介绍给我。

3) 在简单形式的不定式中，ne pas 放在动词不定式前：

- On demande aux visiteurs de **ne pas** prendre de photo dans le musée. 他们让游客不要在博物馆内照相。

4) 在复合形式的不定式中，ne pas 放在助动词前或分置助动词的两边：

- Je regrette de **ne pas** avoir apporté mon appareil photographique. 我后悔没有带相机。
- J'ai peur de **n'**avoir **pas** compris ce qu'il avait dit. 恐怕我没听懂他的话。

2. ne... jamais 表示"从不"，用来否定 toujours, souvent, quelquefois, parfois, déjà 等。

- — Line habite dans ton quartier. Est-ce que tu la rencontres quelquefois? 莉娜跟你住在同一个区，你有时会碰到她吧？
  — Non, je **ne** la rencontre **jamais**. 不会，我从来没有遇见她。
- Je **ne** vois **jamais** les films doublés ; je choisis toujours les films en version originale. 我从来不看译制片，我总是选择原声片。
- — Etes-vous déjà allé en Provence? 您去过普罗旺斯了吗？
  — Non, je **n'**y suis **jamais** allé. 不，我从来没去过。

3. ne... plus 表示"不再"，用来否定 encore, toujours 等。

- — Est-ce que vous travaillez encore à Marseille? 您还在马赛工作吗？
  — Non, je **n'**y travaille **plus** depuis longtemps. 不，我早就不在那儿干了。
- — Tes amis français habitent toujours dans ton immeuble? 你的法国朋友还住在你家吗？
  — Non, ils **n'**y habitent **plus**. 不，他们已经不住在我那儿了。
- J'ai décidé de **ne plus** fumer. 我决定不再抽烟了。

注意：toujours 的含义

1) toujours 有时表示"总是"，用 ne... jamais 来否定，有时表示"仍然，还",相当于 encore,用 ne...plus 来否定,试比较上文例句。

2) 不要混淆 toujours pas 和 pas toujours,一个是全盘否定,另一个是部分否定。试比较：

- Il est 8 heures du soir; ils ne sont **toujours pas** chez eux!
  晚上8点了,他们还没回家!
- Ils ne sont **pas toujours** chez eux à 8 heures du soir.
  他们并不是每天晚上8点都在家。

4. ne...guère 表示"几乎不",ne...point 表示"一点也不"。

- C'est un homme timide qui **ne** parle **guère**.
  他是个害羞的男人,几乎不怎么说话。
- Je **ne** suis **point** d'accord avec toi. 我一点都不赞成你的看法。
- Il **n'**est **jamais** d'accord de ton projet. 他从来不赞成你的计划。
- Je **n'**ai **guère** de loisirs en ce moment. 我现在很少有娱乐活动。

5. ne...ni...ni 表示"既不……也不",可用来否定 et 和 ou。

- Mon frère et moi, nous **n'**aimons **ni** le rock **ni** le rap.
  我跟我的哥哥一样,既不喜欢摇滚,也不喜欢说唱。
- Il **n'**y a **ni** école **ni** hôpital dans ce village.
  这个村庄里,既没有学校也没有医院。
- Au bord de la mer, il **ne** fait **ni** chaud **ni** froid.
  海边的天气不冷也不热。

注意:否定两者也可用 ne...pas de...ni de...,如:

- Je **n'**ai **pas de** frère **ni de** sœur. 我没有兄弟也没有姐妹。
- Je **ne** prends **pas de** café **ni de** thé. 我既不喝咖啡也不喝茶。

二、ne＋泛指形容词(aucun, nul, pas un)或泛指代词(aucun, nul, pas un, personne, rien),参见第一部分第三章第三节(泛指形容词)与第五章第七节(泛指代词)。

- Je **n'**ai **aucun** ami à qui demander conseil sur cette question.
  在这个问题上,没有一个朋友能给我出主意。
- Il **n'**éprouvait **nulle** crainte devant la mort.
  面对死亡,他没有表现出一丝胆怯。
- Parlez un peu plus fort, je **n'**ai **rien** entendu.
  说大声点,我什么都没听见。
- — Est-ce qu'il y a encore des visiteurs dans le musée? 博物馆里还有

游客吗？

—— Non, il **n'y** en a **pas un** seul. 没有，一个都没有。

三、其他表达否定的方式（non, non pas, non plus, sinon, sans 等）

- Le mot **ici** est un adverbe et **non pas** un pronom.
  单词 ici 是个副词，而不是代词。
- Le champagne se boit frais mais **non** glacé. 香槟喝起来爽而不冰。
- —— J'aime danser, et toi? 我喜欢跳舞，你呢？
  —— Moi **non**. /**Pas** moi. 我不喜欢。
- —— Je n'aime pas chanter, et toi? 我不喜欢唱歌，你呢？
  —— Moi **non plus**. 我也不喜欢。
- Appelle-moi, **sinon** je m'inquièterai. 给我打电话，否则我会担心的。
- Il est parti **sans** elle. 他没有带她一起走。

注意：

1) 某些否定词可以组合使用，加强否定语气，具体见下表：

ne... plus ne... encore	+jamais	**Ne** fais **plus jamais** ça! 不要再这么做了！ On **n'a encore jamais** vu ça! 我从没见过这个！
ne... plus ne... jamais ne... encore	+ni... ni	Elle **ne** boit **plus ni** thé **ni** café. 她再也不喝茶和咖啡了。 Il **ne** mange **jamais ni** viande **ni** poisson. 他从不吃肉和鱼。 Je n'ai **encore** bu **ni** vin rouge **ni** vin blanc. 我从没喝过红酒和白酒。
ne... plus ne... jamais ne... encore	+{rien personne aucun	Je **ne** vois **plus rien**. 我再也看不到任何东西了。 Je **ne** vois **plus personne**. 我再也看不到任何人了。 Je n'ai **plus aucun** espoir. 我再也没有一线希望了。 Il **ne** me dit **jamais rien**. 他从不跟我说一句话。 Il **ne** parle **jamais** à **personne**. 他从不跟任何人说话。 Il **n'a jamais** eu **aucun** problème. 他从没遇到过任何问题。 Elle **n'a encore rien** fait. 她还什么也没做。 Elle **n'a encore** vu **personne**. 她还没见到任何人。 Elle **n'a encore** eu **aucun** problème. 她还没遇到任何问题。

2) 对动词 pouvoir, savoir, oser, cesser 进行否定时,可以单独用 ne,省略后面的否定词。

- Il **ne** peut soulever cette chaise. 他搬不动这把椅子。
- La pauvre fille **ne** sait que faire. 可怜的女孩不知道怎么办才好。
- Je **n'**ose vous déranger. 我不敢打扰您。
- Il **n'**a cessé de m'importuner. 他缠着我不放。

3) 在否定句中,aussi 要改成 non plus,如:

- Elle ne veut pas se marier, lui **non plus**. 她不想结婚,他也不想。
  (不要说成 Elle ne veut pas se marier, lui aussi.)
- Il n'est pas Français, moi **non plus**. 他不是法国人,我也不是。
  (不要说成 Il n'est pas Français, moi aussi.)

第三节　感叹句

感叹句是用来表达喜悦、惊讶、赞叹、愤怒、懊恼等感情的句子,句末用感叹号。感叹句有多种表达方式:

一、带有感叹形容词或感叹副词的感叹句

1. quel(＋形容词)＋名词

- *La vie en rose* d'Edit Piaf, **quelle** belle chanson!
  埃迪特·皮亚夫的《玫瑰人生》,多美的一首歌啊!
- Il ne vient pas dîner avec nous. **Quel** dommage!
  他不来跟我们共进晚餐,真遗憾!
- J'ai arrêté mes études; **quelle** erreur! 我放弃了学业,真是大错特错!
- **Quels** jolis bouquets il y a chez ce fleuriste!
  这个花店的花束好漂亮啊!

注意:感叹形容词必须与名词作性数配合。

2. que de ＋名词,表示数量多

- **Que de** monde! Qu'est-ce qui se passe? 好多人呀! 出了什么事?
- Un déménagement! **Que de** soucis! 要搬家了! 真愁啊!
- **Que de** films intéressants cette année! 今年有意思的电影好多!

3. comme / que / combien / ce que / qu'est-ce que ＋直陈式

- Boujour Henri. **Comme** tu as grandi! 你好,亨利,你又长高啦!
- **Comme** ce serait bien d'être sur une plage au soleil!

阳光下的沙滩真是棒极了!
- Ce beau temps, **comme** c'est agréable! 晴朗的天气真是令人惬意啊!
- Ta fille, **qu'**elle est mignonne avec cette robe!
  你女儿穿上这条裙子真可爱!
- Ce ténor, **qu'**il chante bien! 这个男高音唱得真好!
- **Combien** cette ville a changé! 这个城市变化真大啊!
- **Ce qu'**il est têtu! 他真顽固!
- **Qu'est-ce qu'**elle est belle, cette femme! 这个女人真漂亮!

4. tellement / tant / si / un tel

1) tellement de / tant de ＋名词

- Maurice fait rire tout le monde. Il a **tant d'**humour!
  莫里斯把大家逗笑了,他真幽默!

2) 动词＋ tellement / tant

- Je n'ai pas reconnu Matthieu sur la photo, il a **tellement** changé!
  我没有从照片上认出马修,他变化太大了!

3) si ＋形容词

- Vous permettez? J'enlève ma veste. Il fait **si** chaud!
  您介意吗?我把上衣脱了,天太热了!

4) un tel ＋名词

- Il fait **une telle** chaleur cet été! 今年夏天真热啊!

注意:感叹形容词 tel 必须与名词作性数配合。

5. pourvu que ＋虚拟式,表示愿望或担忧

- Le train part dans dix minutes. **Pourvu que** nous **arrivions** à temps!
  火车十分钟后出发。但愿我们能及时到达!
- **Pourvu qu'**elle n'**ait** pas **oublié** notre rendez-vous!
  但愿她没有忘记我们的约会。

6. si ＋未完成过去时/愈过去时,表示愿望或遗憾

- **Si** elle m'**aimait**! 她要是喜欢我就好了!
- **Si** j'**avais** su! 我要是早点知道就好了!
- Tu as raté ton examen. **Si** seulement tu **avais travaillé** davantage! 你考砸了,要是再努力一点就好了!
- Ma fille n'en fait qu'à sa tête. **Si** seulement elle m'**écoutait**

quelquefois！我女儿很任性，她要是偶尔能听听我的话就好了！

二、带有感叹词的感叹句

法语中的感叹词数量很多，一般用于口语中，如：Ah！Aïe！Chut！Quoi！Oh-là-là！Tant pis！Hélas！Hein！Ouf！Bref！Ça alors！Tiens！Zut！

- Oh-là-là！Il est déjà 10 heures！Nous allons être en retard.
  哎呀！已经10点了！我们要迟到了。
- **Aïe**！Je me suis coupé le doigt. 啊！我切到手指了。
- Les enfants dorment. **Chut**！Taisez-vous！孩子们在睡觉。嘘！闭嘴！
- Julien a gagné 10 000 euros！**Ça alors**！于连赢了1万欧元！天哪！
- Il ne peut pas venir. **Tant pis**！他来不了。真倒霉！
- **Hélas**！Cendrillon n'entendit pas sonner les douze coups de minuit！
  唉！灰姑娘没听见午夜12点的钟声！

三、不带有感叹形容词、感叹副词或感叹词的感叹句

这类感叹句有时会缩略为一个词：名词、动词、副词、形容词等。

- **Attention**！当心！
- **Va t'en**！滚！
- **A demain**！明天见！
- On est allé au cirque hier soir. **Génial**！
  昨天晚上我们去马戏团了。真是棒极了！
- **Tu es fou**！Tu pars seul en montagne！你疯了！你要一个人进山！
- Il est midi. **Déjà**！中午12点了。已经这么晚了！

第四节　强调句

强调句用于突出句子中的某个成分，可通过变换语序、重复、使用强调句型等手段来实现。

一、变换语序

1. 形容词前置

- La pyramide du Louvre est magnifique.
  卢浮宫院子里的金字塔很壮观。
  ⇒ **Magnifique**, la pyramide du Louvre！真壮观，卢浮宫前的金字塔！
- Les vacances sont finies. Quel dommage！假期结束了。真遗憾！

⇒ **Finies**, les vacances! Quel dommage! 结束了, 假期！真遗憾！
- Cette pièce de théâtre est superbe. 这出戏很精彩。
⇒ **Superbe**, cette pièce de théâtre! 太精彩了, 这出戏！

2. 副词前置

- L'éditeur n'aurait jamais cru que ce roman remporterait un tel succès! 出版商从来没想过这部小说会取得这么大的成功！
⇒ **Jamais** l'éditeur n'aurait cru que ce roman remporterait un tel succès! 出版商从来没想过这部小说会取得这么大的成功！
- **Jamais** mauvais ouvrier ne trouva bon outil. 劣匠手中无利器。
- **Ici** se trouvait l'ancien palais des Tuileries.
这里是杜伊勒丽宫的旧址。

3. 状语前置

- Les habitants du quartier réclament depuis des années l'aménagement d'un espace de jeux pour les enfants.
这个区的居民几年前就要求为孩子们设置一个游乐场地。
⇒ **Depuis des années**, les habitants du quartier réclament l'aménagement d'un espace de jeux pour les enfants.
几年前, 这个区的居民就要求为孩子们设置一个游乐场地。
- Il faut cueillir le raisin quand il est bien mûr pour faire du bon vin.
采摘已经熟透的葡萄才能酿出好酒。
⇒ **Pour faire du bon vin**, il faut cueillir le raisin quand il est bien mûr. 要酿出好酒, 必须采摘已经熟透的葡萄。

二、用一个代词来重复需要强调的成分, 这种方式可以与变换语序的方式结合使用。

1. 用人称代词来重复需要强调的成分

- Cette actrice est vraiment belle. 这个女演员真的很美。
⇒ Cette actrice, **elle** est vraiment belle. 这个女演员, 她真的很美。
⇒ **Elle** est vraiment belle, cette actrice. 她真的很美, 这个女演员。
- J'aurais dit ça! Ce n'est pas vrai! 我会说这种话？这不是真的！
⇒ **Moi**, j'aurais dit ça! Ce n'est pas vrai!
我？我会说这种话？这不是真的！
⇒ J'aurais dit ça, **moi**! Ce n'est pas vrai!
我会说这种话？我？这不是真的！
- La pyramide du Louvre, on **l'**a beaucoup critiquée, maintenant, on

l'admire.

卢浮官院子里的金字塔,曾经遭到严厉的批评,而现在赢得了赞誉。

2. 用中性代词 le 或副代词 en, y 来重复需要强调的名词性从句,这种情况下,从句置于句首,通常用虚拟式。

- Je crois vraiment qu'il deviendra un bon professeur.
  我真的认为他会成为一个好老师。
  ⇒ Qu'il **devienne** un bon professeur, je **le** crois vraiment!
  他会成为一个好老师,我真的这么认为。

（**注意**：不能说成 Qu'il deviendra un bon professeur, je le crois vraiment!）

- Je suis sûr qu'il deviendra un bon professeur.
  我确定他会成为一个好老师。
  ⇒ Qu'il **devienne** un bon professeur, j'**en** suis sûr.
  他会成为一个好老师,我确定。

（**注意**：不能说成 Qu'il deviendra un bon professeur, j'en suis sûr.）

- Je ne m'attendais pas à ce qu'il devienne un bon professeur.
  我不指望他能成为一个好老师。
  ⇒ Qu'il **devienne** un bon professeur, je ne m'**y** attendais pas!
  他能成为一个好老师？我可不敢指望！

（**注意**：不能说成 Qu'il deviendra un bon professeur, je ne m'y attendais pas!）

3. 用指示代词 ce, cela, ça 来重复需要强调的成分

1) 代替名词

- La musique, **c'**est sa passion. 音乐,那是他的爱好。
- La fabrication à la main, **cela** demande de la patience.
  从事手工制作,这需要耐心。

2) 代替不定式

- Faire du vélo, il adore **ça**! 骑自行车啊,他很喜欢这项运动!
- Travailler dans des conditions pareilles, **ça** non, je ne veux pas!
  在这种条件下工作,不行,我不愿意!

3) 代替名词性从句,这种情况下,从句置于句首,通常用虚拟式。

- Il est évident que ce problème ne peut pas être réglé en un jour. 这个

问题显然不是一天之内就能解决的。

⇒ Que ce problème ne **puisse** pas être réglé en un jour, c'est évident!

这个问题不是一天之内就能解决的,这是显然的!

(**注意**:不能说成 Que ce problème ne peut pas être réglé en un jour, c'est évident!)

- Il est normal qu'il veut changer de travail. 他想换工作是正常的。

⇒ Qu'il **veuille** changer de travail, c'est normal! 他想换工作,这很正常!

(**注意**:不能说成 Qu'il veut changer de travail, c'est normal!)

三、使用强调句式

1. c'est... ＋关系代词(qui, que, dont)

- Préservons la nature! Notre avenir est en cause. 保护自然吧!我们的未来与之相关。

⇒ Préservons la nature! **C'est** notre avenir **qui** est en cause.

保护自然吧!与之相关的是我们的未来。

- Je ne veux pas voir un vendeur mais le chef de rayon.

我不要见售货员,我要见部门主管。

⇒ **Ce n'est pas** un vendeur **que** je veux voir, mais le chef de rayon!

我要见的不是售货员,而是部门主管。

- La Bourse de Paris est en baisse. Tout le monde parle de ce sujet en ce moment. 巴黎股市下跌,目前人人都在谈论这个话题。

⇒ La Bourse de Paris est en baisse, **c'est** un sujet **dont** tout le monde parle en ce moment. 巴黎股市下跌,这是目前人人都在谈论的话题。

注意:这个句式中,c'est 可以用 il y a / voici / voilà 来代替,如:

- Il y a un monsieur qui voudrait vous voir. 有位先生要找您。
- **Voilà** une question **que** je ne m'étais jamais posée.

这个问题我从来没有问过自己。

2. c'est ＋ ce qui / ce que / ce dont / ce à quoi / ce sur quoi

在这个句式中,两个分句的位置可以互换,即构成 ce qui..., c'est / ce que..., c'est 等句式。

- Regarder la télévision lui a permis de faire des progrès en français.

看电视有助于他提高法语水平。

⇒ Regarder la télévision, **c'est ce qui** lui a permis de faire des progrès en français. 看电视是他提高法语水平的途径。

⇒ **Ce qui** lui a permis de faire des progrès en français, **c'est** de regarder la télévision. 他提高法语水平的途径是看电视。

- Les habitants de la ville réclament l'ouverture d'une nouvelle ligne de tramway. 这个城市的居民要求新增一条有轨电车路线。

⇒ L'ouverture d'une nouvelle ligne de tramway, **c'est ce que** réclament les habitants de la ville.

新增一条有轨电车路线,这就是这个城市的居民所要求的。

⇒ **Ce que** réclament les habitants de la ville, **c'est** l'ouverture d'une nouvelle ligne de tramway.

这个城市的居民所要求的,是新增一条有轨电车路线。

- Michel a besoin de calme et de repos. 米歇尔需要安静和休息。

⇒ De calme et de repos, **c'est ce dont** Michel a besoin.

安静和休息,这就是米歇尔所需要的。

⇒ **Ce dont** Michel a besoin, **c'est** de calme et de repos.

米歇尔所需要的,是安静和休息。

- En montagne, les promeneurs aspirent à profiter de la nature et de l'air pur. 在山里,漫步者渴望享受大自然和纯净的空气。

⇒ En montagne, profiter de la nature et de l'air pur, **c'est ce à quoi** aspirent les promeneurs.

在山里,享受大自然和纯净的空气,这就是漫步者所渴望的。

⇒ En montagne, **ce à quoi** aspirent les promeneurs, **c'est** profiter de la nature et de l'air pur. 在山里,漫步者所渴望的,是享受大自然和纯净的空气。

- J'ai été interrogé à l'entretien sur les migrations internationales.
我在口试中被问到了国际人口流动的问题。

⇒ Les migrations internationales, **c'est ce sur quoi** j'ai été interrogé à l'entretien. 国际人口流动,这就是我在口试中被问到的问题。

⇒ **Ce sur quoi** j'ai été interrogé à l'entretien, **ce sont** les migrations internationales. 我在口试中被问到的问题,是国际人口流动。

3. c'est que 用来突出需要强调的名词

1) 当需要强调的名词具有客观色彩时(如: la vérité, le résultat, l'ennui, le problème, l'avantage, l'inconvénient 等),c'est que 引导的分句用直陈式。

- Bernard a trouvé un travail qui lui plaît beaucoup, mais il y a un problème, il est très mal payé.
  贝尔纳找到了一份很喜欢的工作,但有一个问题,薪水很低。
  ⇒ Bernard a trouvé un travail qui lui plaît beaucoup, mais il y a un problème, **c'est qu'**il **est** très mal payé.
  贝尔纳找到了一份很喜欢的工作,但有一个问题,那就是薪水很低。
- Cet appartement n'est pas très grand. L'avantage, **c'est qu'**il **est** dans le centre-ville.
  这套房子不是很大,但也有优点,那就是位于市中心。

2) 当需要强调的名词具有主观色彩时(如:l'essentiel, l'étonnant, le mieux, le but, l'important 等),c'est que 引导的分句用虚拟式(参见第一部分第六章第七节虚拟式的用法)。

- — Pour ne pas être en retard, qu'est-ce qui est le mieux?
  为了不迟到,最好该怎么办呢?
  — Le mieux, **c'est que** vous **avanciez** votre montre de dix minutes.
  最好的方法,就是把您的表拨快十分钟。

(**注意**:不能说成 Le mieux, c'est que vous avancez votre montre de dix minutes。)

- Pour bien des parents, l'important, **c'est que** leurs enfants **fassent** de bonnes études. 对很多家长来说,最重要的,就是孩子学习用功。

(**注意**:不能说成 l'important, c'est que leurs enfants font de bonnes études。)

4. c'est...que 强调句子中的某个单词、某个短语或某个分句。

1) 强调介词短语

- Maman, dit l'enfant, j'ai fait ce dessin pour toi.
  "妈妈,"孩子说,"我为你画了这幅画。"
  ⇒ Maman, dit l'enfant, **c'est** pour toi **que** j'ai fait ce dessin.
  "妈妈,"孩子说,"这幅画我是为你画的。"
- Tiens! Vous voilà, je pensais justement à vous.
  哟!你们来啦,我刚才还想你们呢。
  ⇒ Tiens! Vous voilà, **c'est** justement à vous **que** je pensais.
  哟!你们来啦,我刚才想的正好就是你们。
- Avec Internet, nous assistons à une profonde transformation de la société.

有了互联网，我们看到一场深刻的社会变革。
⇒ Avec Internet, **c'est** à une profonde transformation de la société **que** nous assistons.
有了互联网，我们看到的是一场深刻的社会变革。

2）强调状语

- Le Conseil de sécurité de l'ONU se réunira demain.
联合国安理会明天开会。
⇒ **C'est** demain **que** se réunira le Conseil de sécurité de l'ONU.
联合国安理会的会议在明天召开。
  - J'ai passé mon enfance à Bordeaux. 我在波尔多度过童年。
⇒ **C'est** à Bordeaux **que** j'ai passé mon enfance.
我的童年是在波尔多度过的。

（**注意**：不能说成 C'est à Bordeaux où j'ai passé mon enfance.）

- Je me suis coupé le doigt en bricolant. 我修东西的时候伤了手指。
⇒ **C'est** en bricolant **que** je me suis coupé le doigt.
我是在修东西的时候伤了手指的。

3）强调副词性从句

- Il a été gravement blessé dans l'accident parce qu'il n'avait pas attaché sa ceinture. 他在事故中受了重伤，因为他没系安全带。
⇒ **C'est** parce qu'il n'avait pas attaché sa ceinture **qu'**il a été gravement blessé dans l'accident.
他是因为没系安全带，才会在事故中受重伤的。
- Quand il se leva, sa casquette tomba. 他一站起来，帽子就掉了下去。
⇒ **C'est** quand il se leva **que** sa casquette tomba.
帽子是在他站起来的时候掉下去的。

注意：这个句式中的 que 是连词，不能跟第一种句式中的关系代词相混淆，试比较：

- **C'est** le film de Vincent Perez **que** je compte voir.
我打算看的是樊尚·佩雷的电影。
- **C'est** au cinéma **que** je compte aller. 我打算去的是电影院。

5. si... c'est 强调原因或目的

1）强调原因

- Ton gâteau est délicieux. **Si** j'en reprends, **c'est** vraiment par

gourmandise.
你的蛋糕太美味了。我之所以又吃了点，是因为真的太好吃了。
- **S'il** fait froid à Avignon malgré le soleil, **c'est** parce que le mistral souffle dans la vallée du Rhône.
阿维尼翁之所以有太阳还那么冷，是因为罗纳河谷刮西北风。

2) 强调目的

- **Si** Camille travaille dans un supermarché cet été, **c'est** pour payer ses études. 今年夏天加米耶之所以在超市打工，是为了支付学费。
- **Si** on taille les rosiers, **c'est** pour que les fleurs soient plus belles.
我们之所以修剪玫瑰，是为了让玫瑰花更美丽。

第三章　名词性从句

法语中的复合句包括并列复合句和主从复合句。并列复合句是语法上平等的句子，或者以逗号隔开（平列句），或者由并列连词 et, ou, ni, mais, car, donc, or 等连接（并列句）。主从复合句是由两个不平等的句子构成的复合句，其中处于主导地位的是主句，处于从属地位的是从句。从句可分为名词性从句、关系从句和副词性从句三种。本章将重点讲解名词性从句。

第一节　名词性从句的构成

一、由 que 引导的名词性从句

大部分名词性从句由从属连词 que 引导，如：

- J'ai entendu dire **que** Paul avait gagné le gros lot.
  我听说保尔中了头奖。
- J'espère **que** vous viendrez samedi soir. 我希望您星期六晚上能来。
- Je ne crois pas **qu'**il l'ait dit. 我不相信他说过这种话。
- Il est évident **que** le témoin n'a pas dit la vérité.
  显然目击者没有说真话。

二、由连词短语 de ce que, à ce que, jusqu'à ce que 等引导的名词性从句

- Simon s'attend **à ce que** son adversaire va lui répliquer.

  西蒙料到他的对手会反驳他。
- Elle s'étonne **de ce qu'**il ne soit pas venu. 他没有来，这让她很惊讶。
- S'il vous plaît, attendez **jusqu'à ce que** je revienne.
  请您一直等到我回来。

三、由疑问词引导的名词性从句

- Je ne sais pas **pourquoi** il ne veut pas parler avec moi.
  我不知道他为什么不想跟我说话。
- Marcel demande **quand** on passera l'examen. 马塞尔问什么时候考试。

- Je voudrais bien savoir **comment** vous trouvez cet ouvrage.
  我很想知道您对这部作品的看法。
- Elle ignore **si** l'examinateur est content d'elle.
  她不知道主考官是否对她满意。

四、没有先行词的关系代词 qui，以及泛指代词 quiconque 引导的名词性从句

- Rira bien **qui** rira le dernier.
  最后笑的人笑得最好。（意为：不要高兴得太早）
- **Quiconque** n'observera pas cette loi sera puni.
  谁不遵守这条法律，就将受到惩罚。

第二节　直陈式名词性从句

名词性从句根据所要表达的意义和色彩的不同，可以采用直陈式或虚拟式两种语式。如果从句要表达的是一个观点、一种声明、一个基本确定的事实，则用直陈式。

一、直陈式名词性从句的几种情况

1. 从句从属于动词

- Je **pense** que tu **as** raison d'aller passer un an à l'étranger.
  我认为，你要出国一年是有道理的。
- Certains **croient** qu'on **pourra** vivre un jour sur une autre planète.
  有些人认为，某一天我们将可能在其他星球上生活。
- On **a annoncé** que le Président **avait nommé** monsieur Leduc Premier ministre. 据说总统任命勒杜克先生为总理了。

注意：如果从句要表达一种可能性或猜想，可以用条件式代替直陈式，试比较：

- Je pense qu'un livre lui **fera** grand plaisir.
  我认为送他一本书他会很高兴。
- Je pense qu'un livre lui **ferait** grand plaisir.
  我觉得送他一本书他可能会很高兴。

2. 从句从属于无人称结构

- Il **paraît** que les effets spéciaux de ce film **sont** extraordinaires.

这部电影的特效看起来非同寻常。
- **C'était évident** que personne ne **savait** exactement ce qui s'était passé. 显然没有一个人确切地知道发生了什么事。
- **Il est probable** que les résultats financiers de l'entreprise **seront** meilleurs cette année. 今年企业的财务结算很可能会更好。

3. 从句从属于形容词

- Je suis **sûr** que tu **trouveras** vite un travail avec ce diplôme d'informatique.
  有了这张电脑技术的文凭,我能肯定你会很快找到一份工作。
- Tout le monde était **persuadé** que monsieur Leclerc **serait** réélu député. 大家都确信勒克莱尔先生会再次当选为议员。

4. 从句从属于名词

- Sabine avait **l'impression** que tout le monde la **regardait**.
  萨比娜觉得大家都在看她。
- Les policiers ont **l'espoir** que l'assassin **sera** très vite identifié.
  警方希望凶手的身份很快就能得到证实。
- Ce temps magnifique est très agréable. **L'inconvénient** est que je n'**ai** aucune envie de travailler.
  这么晴朗的天气真是令人惬意,但坏处是我一点也不想工作了。

5. 从句从属于副词或副词短语,如 bien sûr, évidemment, heureusement, peut-être, probablement, sans doute 等。

- **Peut-être** qu'on **pourra** faire du bateau cet après-midi.
  也许今天下午我们可以去划船。
- Il est déjà 10 heures. **Sans doute** qu'il **a manqué** le train.
  已经10点了。他大概是没赶上火车。

二、小结:可以接直陈式的动词、名词、形容词和无人称结构

1. 动词:

affirmer(肯定)/ ajouter(添加)/ annoncer(宣布)/ s'apercevoir(发现)/ apprendre(得知)/ assurer(确定)/ avertir(通知)/ avouer(承认)/ certifier(证明)/ confirmer(证实)/ constater(发现,确认)/ convenir(商定)/ crier(大声宣布)/ croire(认为)/ décider(决定)/ déclarer(宣称)/ découvrir(发现)/ se douter(怀疑)/ s'écrier(大声说)/ entendre dire(听说)/ espérer(希望)/ estimer(估计)/ faire remarquer(指出)/ faire savoir(告知)/ garantir(保证)/

hurler(呐喊)/ ignorer(不知道)/ s'imaginer(想象)/ informer(告知)/ juger(判断)/ jurer(发誓)/ montrer(表现)/ noter(注意到)/ objecter(反驳)/ oublier(忘记)/ parier(肯定)/ penser(认为)/ préciser(明确表示)/ prévenir(预先通知)/ promettre(答应)/ prouver(证明)/ raconter(描述)/ se rappeler(回忆起)/ reconnaître(意识到，承认)/ remarquer(注意到)/ se rendre compte(注意到)/ répéter(重复)/ répliquer(反驳)/ répondre(回答)/ savoir(知道)/ sentir(感到)/ souligner(指出)/ soutenir(支持)/ supposer(猜想)/ trouver(发现)/ vérifier(确认)/ voir(看到)＋que...

注意: 有些动词既可以接直陈式，也可以接虚拟式，主要看表达的意思。如:

admettre(接受)/ comprendre(明白)/ dire(说)/ écrire(写)/ entendre(听到)/ expliquer(解释)/ imaginer(想象)/ supposer(假设)/ se plaindre(抱怨)/ prétendre(声称)/ téléphoner(打电话说)/ être d'avis(认为)＋que...

2. 名词

avoir la certitude(肯定)/ la conviction(确信)/ l'espoir(希望)/ l'impression(感受,印象)/ la preuve(证明)/ l'idée(想法)＋que...

La vérité(事实)/ le résultat(结果)/ l'ennui(烦恼)/ le problème(问题)/ l'avantage(好处)/ l'inconvénient(坏处)＋est que...

3. 形容词

être certain(肯定)/ convaincu(确信)/ persuadé(确信)/ sûr(确定)＋que...

4. 无人称结构

Il est/ C'est ＋ certain(一定的)/ clair(很清楚)/ convenu(说定了)/ évident(显然)/ exact(确切的)/ incontestable(毋庸置疑的)/ probable(可能的)/ sûr(一定的)/ visible(显而易见的)/ vrai(真的)/ vraisemblable(很可能的)＋que...

On dirait que(好像), Il paraît que(好像), Il me / te / lui / nous / vous / leur semble que(我/你/他/我们/你们/他们觉得), 等等。

第三节 虚拟式名词性从句

如果名词性从句要表达的是命令、请求、愿望、爱好等主观意志，或者欢喜、恐惧、遗憾、愤怒、懊恼等情感，则需用虚拟式。

一、虚拟式名词性从句的几种情况

1. 从句表达意志、命令、建议
1) 从句从属于动词

- Les parents de Julie **veulent** qu'elle **fasse** des études de droit.
  朱莉的父母想要她学习法律。
- Il **a demandé** que le courrier **soit** prêt à 10 heures.
  他要求信件10点钟就要准备好。
- Le syndicat **propose** que les horaires de travail **soient** modifiés.
  工会建议修改工作时刻表。
- Après l'événement du 11 septembre, les Américains **exigent** qu'il **faille** prendre des mesures sévères pour lutter contre le terrorisme.
  9·11事件以后，美国要求必须采取严格的措施与恐怖主义作斗争。

2) 从句从属于无人称结构

- L'hiver approche. Il **faut** que vous vous **fassiez** vacciner contre la grippe. 冬季来临了，你们应该接种流感疫苗。
- **Il est préférable** que vous **réfléchissiez** encore avant de donner votre réponse. 你们最好考虑一下再作答复。
- Il **vaudrait mieux** que tu lui **dises** la vérité. 你最好把真相告诉他。

2. 从句表达情感、判断
1) 从句从属于动词

- Tout le monde **regrette** que le spectacle **ait été annulé**.
  演出取消了，大家都很遗憾。
- Je **déteste** que les gens **soient** en retard et qu'ils ne **s'excusent** pas!
  我讨厌别人迟到还不作解释。
- Marie **s'inquiète** que ses enfants ne **soient** pas encore **rentrés**.
  孩子们还没回家，玛丽很担心。

2) 从句从属于名词

- Quel **dommage** que tu t'en **ailles** déjà et que tu ne **puisses** pas dîner avec nous! 你已经走了，不能跟我们共进晚餐，真是太遗憾了！
- Ils ont eu de la **chance** que l'accident n'**ait** pas **été** plus grave.
  他们很走运，事故不是那么太严重。
- As-tu **besoin** que nous te **prêtions** un peu d'argent?
  需不需要我们借点钱给你？

- Marie était très timide. **L'étonnant** est qu'elle **ait réussi** à devenir présentatrice à la télévision.
  玛丽很腼腆。令人惊讶的是，她成功地当上了电视台播音员。

3) 从句从属于形容词

- Je suis **désolé** que tu n'**aies** pas **reçu** ma carte postale.
  很遗憾你没收到我的明信片。
- Au XIXe siècle, on trouvait **normal** que les jeunes filles ne **fassent** pas d'études supérieures et qu'elles **se marient** très tôt.
  在 19 世纪，人们觉得女孩早婚和不接受高等教育是正常的。
- Julien est bien **déçu** que Virginie ne **veuille** pas sortir avec lui.
  于连很失望，维尔吉妮不愿意跟他出来约会。

4) 从句从属于无人称结构

- Pierre n'est pas là? C'est **incroyable** qu'il **ait oublié** notre rendez-vous. 皮埃尔没来？他忘了我们的约会，真是难以置信。
- La gare n'est pas loin. **Il suffit** que nous **partions** à 20 heures.
  车站不远，我们晚上 8 点走就行了。
- Ça m'**étonne** qu'elle ne **sache** pas conduire la voiture.
  她不会开车，这让我很惊讶。

3. 从句表达可能性、怀疑

1) 从句从属于动词

- Je **doute** qu'il **connaisse** le code de la porte d'entrée.
  我不相信他知道开大门的密码。

2) 从句从属于无人称结构

- **Il se peut** que madame Leduc **soit élue** directrice de notre bureau.
  勒杜克太太可能会当选为我们办公室的主任。
- **Il arrive** qu'il y **ait** de la neige à Nice en hiver.
  尼斯的冬天偶尔也会下雪。

二、小结：可以接虚拟式的动词、形容词、名词和无人称结构

1. 动词

accepter(接受)/ aimer(喜欢)/ aimer mieux(更喜欢)/ apprécier(赞赏)/ attendre(等待)/ conseiller(建议)/ craindre(害怕)/ défendre(禁止)/

demander(要求)/ déplorer(惋惜,遗憾)/ désirer(渴望)/ détester(憎恶)/ douter(怀疑)/ empêcher(阻止)/ s'étonner(惊讶)/ éviter(避免)/ exiger(要求)/ s'inquiéter(担心)/ interdire(禁止)/ mériter(值得)/ ordonner(命令)/ permettre(允许)/ préférer(偏爱)/ proposer(建议)/ recommander(建议)/ redouter(害怕)/ refuser(拒绝)/ regretter(后悔,遗憾)/ souhaiter(希望)/ suggérer(建议)/ supporter(忍受)/ vouloir(想要)＋ que...

2. 名词

avoir besoin(需要)/ envie(想要)/ honte(羞愧)/ peur(害怕)/ horreur(害怕)＋ que...

trouver dommage que...(遗憾)

le but(目的)/ l'essentiel(重点,关键)/ l'étonnant(令人惊讶的)/ l'important(重点)/ le mieux(最好)＋ est que...

3. 形容词

trouver bizarre(奇怪的)/ dangereux(危险的)/ drôle(奇怪的)/ étonnant(惊讶的)/ génial(棒极了)/ honteux(可耻的)/ insensé(荒谬的)/ normal(正常的)/ regrettable(令人遗憾的)/ ridicule(可笑的)/ scandaleux(令人气愤的)/ stupide(愚蠢的)/ utile(有用的)＋ que...

être choqué(震惊的)/ content(高兴的)/ déçu(失望的)/ désolé(遗憾的)/ ému(感动的)/ ennuyé(厌烦的)/ étonné(惊讶的)/ furieux(狂怒的)/ heureux(幸福的)/ malheureux(不幸的)/ mécontent(不高兴的)/ ravi(狂喜的)/ scandalisé(愤慨的)/ stupéfait(惊呆的)/ surpris(震惊的,惊喜的)/ touché(感动的,被触动的)/ triste(悲伤的)/ vexé(恼火的)＋ que...

4. 无人称结构

il est / c'est désolant(扫兴的)/ ennuyeux(讨厌的)/ essentiel(重要的)/ étonnant(令人惊讶的)/ étrange(奇怪的)/ impensable(无法想象的)/ important(重要的)/ indispensable(不可或缺的)/ invraisemblable(不可信的)/ naturel(自然的)/ nécessaire(必要的)/ normal(正常的)/ obligatoire(必需的)/ peu probable(不可能的)/ préférable(令人喜爱的)/ regrettable(令人遗憾的,令人懊恼的)/ ridicule(可笑的)/ surprenant(令人震惊的)/ urgent(紧急的)＋ que...

il arrive(有时候会)/ il faut(应该)/ il est question(问题是)/ il suffit(只需)/ il semble(好像)/ Il est temps(是……的时候了)/ il se peut(可能)/ il est dommage(遗憾的是)/ il vaut mieux(最好)/ peu importe(不要紧)＋ que...

cela /ça m'agace(令我恼火)/ m'arrange(适合我)/ m'ennuie(令我厌烦)/ m'est égal(对我而言没有区别)/ m'étonne(使我惊讶)/ me fait plaisir(使我高兴)/ me gêne(使我困窘)/ m'inquiète(使我担心)/ me plaît(使我高兴)/ vaut la peine(值得)＋que...

三、直陈式变为虚拟式

在某些情况下,名词性从句中的直陈式需变为虚拟式,如:

1. 表达观点的动词在否定句或疑问句中

这类动词和动词短语有: avoir l'impression que, croire, espérer, penser, trouver, affirmer, dire, garantir, imaginer, être sûr / certain / convaincu / persuadé, il est sûr / certain / évident,等等。

- Sept jours après le Tremblement de terre du 12 mai à Wenchuan, les sauveteurs **ne sont pas certains** qu'il y **ait** encore des survivants.
  5·12 汶川大地震一个星期后,救援者不能确定还有没有幸存者。
- L'expert **ne garantit pas** que le tableau **soit** authentique.
  专家不能保证这幅画是真品。
- **Croyez-vous** que la situation politique **puisse** évoluer dans les mois à venir? 您认为在未来的几个月中政治形势会发生变化吗?
- **Trouvez-vous** que cela **vaille** la peine d'aller voir cette exposition?
  您认为这个展览值得一看吗?

2. 从句位于主句前

当名词性从句位于主句前面时,从句的谓语动词必须用虚拟式,这是一种强调的手段(参看第二章第四节第二点)。

- Que ce cinéaste **soit** un grand artiste, tout le monde le reconnaît.
  这位电影制片人是一个大艺术家,这是大家所公认的。
- Qu'il ne vous **promette** pas, j'en suis sûr.
  他不会答应你的,我能肯定。

3. 动词词义的改变

有些动词根据词义的不同,选用的语式也不同。这类动词有:admettre, comprendre, dire, écrire, entendre, expliquer, imaginer, supposer, se plaindre, prétendre, téléphoner, être d'avis 等,试比较:

- Le directeur a dit qu'il **allait** engager quatre informaticiens.
  主任说,他要招收四位电脑技术人员。

Dites à Martin qu'il **soit** là à 10 heures précises.
让马丁10点钟准时到。(此处 dire 相当于下命令)

- Nous avons longtemps parlé et j'ai compris qu'il **était** dans une situation très difficile. 我们谈了很久,我了解到他的处境非常困难。
Je comprends que vous **soyez** fatigué après ce long voyage.
我能理解,您长途跋涉之后想必非常疲劳。(此处 comprendre 相当于 trouver normal)

- Je suppose que le mariage de Georges et Julie **aura lieu** à la campagne.
我想乔治和朱莉的婚礼将在乡下举行。(此处 supposer 相当于 penser)
Supposez qu'il **pleure** le jour de mariage! Que fera-t-on?
假使他在婚礼上哭了,那该怎么办呢?

- Tout le monde admet aujourd'hui qu'on ne **peut** pas travailler sans ordinateur. 现在大家都承认,没有电脑就不能工作了。
Je n'admets pas qu'on **mette** en doute ma parole!
我不许别人怀疑我说的话!

注意:不要混淆以下从句的语式:

1) espérer+直陈式,souhaiter+虚拟式

- Jean Michel **espère** qu'on **viendra** le voir à l'hôpital.
让·米歇尔希望别人去医院看他。(表示想法)
- Jean Michel **souhaite** qu'on **vienne** le voir à l'hôpital.
让·米歇尔希望别人去医院看他。(表示愿望)

2) probable+直陈式,possible+虚拟式

- Il est **probable** que le Conseil des ministres **se tiendra** exceptionnellement vendredi. 星期五很有可能要专门召开部长会议。(基本确定)
- Il est **possible** que le Conseil des ministres **se tienne** exceptionnellement vendredi. 星期五可能要专门召开部长会议。(不确定)

3) paraître+直陈式,sembler+虚拟式

- Il **paraît** que le malade **va** mieux. 病人似乎好一点了。
- Il **semble** que le malade **aille** mieux.
病人看起来好一点了。(表示可能性,相当于 il est possible que)

4) Il me semble＋直陈式, Il semble＋虚拟式

- Il **me semble** que c'**est** une bonne idée.
  我觉得这是个好主意。(Il me semble 相当于 Je pense que)
- Il **semble** que ce **soit** une bonne idée.
  这似乎是个好主意。(表示可能性, 相当于 il est possible que)

5) se douter＋直陈式, douter＋虚拟式

- Il y a un monde fou pendant le festival ; je **me doute** bien que nous **aurons** du mal à trouver une chambre d'hôtel.
  节日期间人山人海,我担心很难在旅馆找到空房间。(表示确定)
- Je **doute** qu'il y **ait** encore de la place dans les hôtels à cette date-là.
  我很担心到那天旅馆有没有房间。(表示不确定或可能性)

6) 如果主句带有两个名词性从句, 必须重复连词 que, 如:

- Je sais **qu'**il est tard et **que** je dois prendre l'avion demain à six heures mais je vous accompagnerai quand même au restaurant.
  我知道现在已经很晚了,而且我明天6点要赶飞机,不过我还是要陪你去餐馆。
- Je voudrais bien **qu'**il fasse beau et **qu'**il y ait du vent.
  我希望明天天晴,而且刮点风。

第四章 关系从句(形容词性从句)

关系从句由关系代词引导,置于先行词之后,又称形容词性从句,在句子中起形容词的作用,用以解释、说明或描述主句中的先行词。

第一节 关系从句的构成

关系从句由关系代词 qui, que, où, dont, lequel 等引导,关系代词代替主句中的先行词,并根据先行词在从句中所作的成分来选择不同的形式。

一、关系代词的用法

参见第一部分第五章第五节。
注意:关系代词的选择

功能	先行词为人	先行词为物	先行词为物的代词 ce, quelque chose, rien 等
主语	qui	qui	qui
直接宾语	que	que	que
de 引导的宾语或补语	dont	dont	dont
de 引导的介词补语 (à côté de, à cause de 等)	à côté de qui (à cause duquel / de laquelle / desquel(le)s	à côté duquel / à côté de laquelle / à côté desquel(le)s	à côté de quoi
其他介词(pour, sur, avec, devant 等)引导的宾语或补语	pour qui (pour lequel /laquelle/ lesquel(le)s	pour lequel pour laquelle pour lesquel(le)s	pour quoi
à 引导的宾语或补语	à qui (auquel / à laquelle / auxquel(le)s	auquel à laquelle auxquel(le)s	à quoi
地点状语	chez qui	où	
时间状语		où	

二、关系从句主语的位置

在关系从句中,主语通常置于谓语动词之前,但当主语是名词,并且谓语

动词没有宾语时,常常进行主谓倒装,试比较:

- Le bruit que **fait cette machine** est insupportable.
  这台机器发出的声音让人难以忍受。
  Le bruit qu'**elle fait** est insupportable. 它发出的声音让人难以忍受。
- A Paris, j'ai visité la maison où **a vécu Victor Hugo**.
  在巴黎,我参观了维克多·雨果住过的房子。
  A Paris, j'ai visité la maison où **Victor Hugo a vécu**.
  在巴黎,我参观了维克多·雨果住过的房子。

三、限定性关系从句与非限定性关系从句

1. 限定性关系从句与主句关系紧密,是主句不可缺少的一个成分,前后不能用逗号分隔,如:

- Le satellite **qu'on vient de lancer** permettra de recevoir dix chaines de télévison de plus.
  刚刚发射的那颗卫星将使我们多收10个电视台的节目。
- C'est moi **qui ai fait ça**. 这件事是我干的。

2. 非限定性关系从句对主句起描述或补充说明的作用,从意义上讲,并非是主句不可缺少的部分,即使省去也不影响主句的完整性,前后可用逗号隔开,如:

- Mon arrière-grand-mère, **qui a 102 ans**, vit seule chez elle.
  我的曾祖母独自一人住在家里,已经102岁。
- Ma sœur, **qui parle très bien l'anglais**, a trouvé facilement du travail.
  我的姐姐很容易就找到了工作,她英语说得很好。

四、中性代词 ce 作先行词

1. 当中性代词 ce 作关系从句的先行词时,其意义根据语境确定。

- Voici le menu. Choisissez **ce qui** vous plaît.
  这是菜单,请选择您喜欢的菜。
- Ecoutez bien **ce que** je vais dire. 听清楚我要说的话。
- J'ai trouvé tout **ce dont** j'avais besoin dans cette boutique de mode.
  我在这家时装店里买到了所有我需要的衣服。

2. 中性代词 ce 也可代替上文中的整个句子,如:

- Les Duval nous ont invités à dîner dimanche, **ce qui** nous a fait plaisir. 星期天,杜瓦尔一家邀请我们去用晚餐,这令我们很高兴。
- Beaucoup de piétons traversent hors des passages protégés, **ce que** je trouve très dangereux.
很多行人过马路不走人行横道,我觉得这样很危险。
- Michel et Marie viennent d'acheter une maison à la campagne, **ce dont** ils rêvaient depuis longtemps!
米歇尔和玛丽刚刚在乡下买了一幢房子,这是他们长久以来梦想!

第二节 关系从句的语式

一、关系从句一般使用直陈式

- Le chat est un animal domestique qui **aime** la compagnie de l'homme.
猫是一种喜欢主人陪伴的宠物。
- Nous avons des parents que nous **voyons** très rarement.
我们有一些很少见面的亲戚。
- J'ai acheté un ordinateur dont je **suis** très satisfait.
我买了一台我很满意的电脑。
- Partout où Rémy **va**, il se fait des amis.
雷米无论走到哪儿都能交到朋友。

二、当从句要表达一种猜测时,可以使用条件式,试比较:

- Je connais un guide qui **peut** nous emmener au sommet du mont Blanc. 我认识一个可以带我们去勃朗峰的向导。(表示确定)
Je connais un guide qui **pourrait** nous emmener au sommet du mont Blanc.
我认识一个向导,他或许能带我们去勃朗峰。(表示可能性:如果他愿意的话,就能带我们去勃朗峰。)
- Nous avons acheté une maison qui nous **permet** d'accueillir nos amis pendant le week-end.
我们买了一幢房子,周末能在那儿接待朋友。(表示确定)
Nous avons très envie d'acheter cette maison qui nous **permettrait** d'accueillir nos amis pendant le week-end.

我们很想买这幢房子,这样周末就能在那儿接待朋友了。(表示可能性:如果买下的话,就能在那儿接待朋友。)

三、关系从句也可以使用虚拟式

1. 从句表达愿望、要求,试比较:

- J'ai trouvé un hôtel où les chiens **sont** acceptés.
  我找到一家允许带狗进出的旅馆。(表示事实)
  Je cherche un hôtel où les chiens **soient** acceptés.
  我想找一家允许带狗进出的旅馆。(表示愿望)
- Je connais quelqu'un qui peut parler coréen.
  我认识一个会说韩语的人。(表示事实)
  Y a-t-il parmi vous quelqu'un qui **puisse** parler coréen?
  你们中间有人会说韩语吗?(表示要求或希望)

2. 从句表示例外或限制
1) 在最高级或表示"唯一性"的词(如 le seul, l'unique, le premier)后

- C'est **le plus beau** film que j'**aie vu** cette année.
  这是我今年看过的最精彩的电影。
- Neil Armstrong est **le premier** homme qui **ait marché** sur la Lune.
  尼尔·阿姆斯特朗是第一个漫步月球的人。

2) 主句是否定形式,如:

- On **n'a pas encore** trouvé de médicament qui **puisse** guérir cette maladie. 人们还没有找到能治愈这种疾病的良药。
- Il **n'y a que** le titulaire qui **connaisse** le code de sa carte de crédit.
  只有信用卡的持有人才知道卡的密码。

四、关系从句也可以使用不定式

当关系代词为 où 时,或者当关系代词前有一个介词时,从句可使用不定式表示一种可能性,此时从句的主语与主句的主语相同,如:

- Elle n'a personne **à qui parler.** 她没有可以谈心的人。
- Jacques aimerait trouver deux étudiants **avec qui partager** son appartement. 雅克想找两个大学生合租房子。
- Il cherche un endroit calme **où passer** ses vacances.
  他想找一个安静的地方度假。

第五章　副词性从句

副词性从句可由多种从属连词或连词短语引导,在句子中作状语,起副词的作用。按照功能和意义的不同可以分为原因从句、结果从句、目的从句、时间从句、让步从句、条件从句、比较从句等。

第一节　原因从句

一、直陈式原因从句

如果从句所提出的原因是事实,或者是确定会发生的事情,则用直陈式,可由 parce que, car, puisque, comme, étant donné que, du fait que, vu que, d'autant plus que 等连词或连词短语引导。

1. parce que(因为)

- Je suis en retard **parce que** mon réveil n'a pas sonné.
  我迟到,是因为我的闹钟没有响。
- Il rêvait de devenir pilote. Mais il a dû renoncer à son rêve **parce qu'**il était très myope.
  他一直想成为飞行员。但他不得不放弃了自己的梦想,因为他近视得很厉害。
- Il y a des contrôles sanitaires à l'aéroport **parce qu'**on redoute une épidémie. 机场有卫生检验系统,因为人们担心传染病的传播。

注意:

1) parce que 跟 car 一样,引导的从句必须置于主句之后,不能说:

- **Parce que** Luc a attrapé la grippe, il n'est pas venu aujourd'hui. (×)
  因为吕克感冒了,所以他今天没有来。

而应该说:

- Luc n'est pas venu aujourd'hui, **parce qu'**il a attrapé la grippe.
  吕克今天没有来,因为他感冒了。

2) 如果要说明某个已知事实的原因,主句和从句可以分别用 si...,

c'est (parce) que... 引导,如:

- S'il n'est pas venu te voir, c'est parce qu'il n'a pas eu le temps.
他之所以没有来看你,是因为他没有时间。

2. puisque(既然)

puisque 用来表达显而易见的因果关系,这个原因通常是说话者双方都知道的事实,从句常置于主句之前,但也可放在主句后。

- **Puisque** vous avez beaucoup de bagages, prenez donc un taxi!
既然您行李这么多,那就坐计程车吧。
- Tu vas pouvoir voter aux prochaines élections **puisque** tu es majeur.
既然你成年了,那么下一次选举的时候你就可以投票了。
- **Puisque** je suis Suédois, je parle évidemment le suédois.
既然我是瑞典人,那么显然会说瑞典语。

3. comme(因为)

comme 用以突出原因与结果之间的联系,从句必须置于主句之前。

- **Comme** il faisait très beau, les gens étaient installés à la terrasse des cafés. 天气很好,所以人们都坐在露天咖啡座上。
- **Comme** il a obtenu une médaille aux Jeux Olympiques de Pékin en 2008, cet athlète sera décoré de la Légion d'honneur.
这名田径运动员在 2008 北京奥运会上获得了一枚奖牌,因此他将被授予了荣誉勋位勋章。
- **Comme** c'est le 1er mai, les banques sont fermées.
今天是 5 月 1 日,银行都关门了。

注意:comme 引导的原因从句必须放在句首,不能说:

- Les banques sont fermées, **comme** c'est le 1er mai. (×)
银行都关门了,因为今天是 5 月 1 日。

4. étant donné que / du fait que / vu que(鉴于)

这些连词短语所引出的原因是无可争议的事实,从句通常置于主句之前。

- **Etant donné que** beaucoup de monuments sont menacés par la pollution, on remplace souvent les statues par des copies.
由于很多文物有被污染的可能,人们常常用仿制的雕塑来代替真品。
- **Du fait que** vous êtes encore étudiant, vous paierez votre billet de train moins cher. 鉴于您还是学生,您买火车票可以打折。
- **Vu que** le prix du tabac a fortement augmenté, les gens fument

visiblement moins. 鉴于烟草价格大幅度提升,吸烟的人明显少了。

5. sous prétexte que(借口是……)

这个连词短语表示说话者对提出的原因有所质疑。

- Alain a quitté son bureau **sous prétexte qu**'il avait un rendez-vous important. 阿兰离开了办公室,借口有个重要的约会。
- **Sous prétexte qu**'elle avait beaucoup de travail, Lisa n'est pas venue à notre soirée. 丽莎以工作忙为由,没来参加我们的晚会。

6. du moment que(既然)

这个连词短语与 puisque 同义,引导的从句通常置于句首。

- **Du moment que** Caroline est là pour regarder les enfants, nous pouvons partir.
  既然卡罗琳娜在这儿照看孩子,那我们就可以走了。
- **Du moment qu**'il a promis de venir, je suis sûr qu'il viendra.
  既然他答应要来,我就能肯定他一定会来。

7. d'autant que / d'autant plus... que / d'autant moins... que(因为……而更……)

- Merci! Je ne prendrai pas de gâteau **d'autant que** je suis en régime.
  谢谢! 我不吃蛋糕,何况我在节食。
- Les spectateurs ont **d'autant plus** applaudi **que** c'était la dernière représentation de la pièce.
  因为是这出戏的最后一次演出,观众的鼓掌越发热烈了。
- On a **d'autant plus** de problèmes de santé **qu**'on prend de l'âge.
  因为年龄上升,身体上的毛病更多了。
- Elle a **d'autant moins** d'envie de sortir **qu**'il fait un temps épouvantable. 由于天气恶劣,她更不想出门了。

注意:

1) 当句子中含有两个原因从句时,第二个从句用 que 引导。

- Comme il n'y avait plus de place dans le train et **que** nous devions être à Nice le soir même, nous avons pris l'avion.
  因为火车没有座位了,而且我们当晚必须到达尼斯,所以我们就坐了飞机。

2) 原因从句中的直陈式也可用条件式代替,表示一种猜测,试比较:

- Ne dis pas ça parce qu'on se moquera de toi.
  别说这种话,人家会笑你的。(表示确定)
- Ne dis pas ça parce qu'on se moquerait de toi.
  别说这种话,人家可能会笑你的。(表示猜测)

二、虚拟式原因从句

如果从句所提出的原因是可能发生的、不确定的事,则用虚拟式,可由 soit que... soit que, ce n'est pas que... mais parce que 等连词短语引导。

1. soit que... soit que

这个连词短语用于引导两个可能的原因。

- Robert n'est pas venu au rendez-vous, **soit qu'**il ait oublié l'heure, **soit qu'**il ait dû rester au bureau plus longtemps.
  罗贝尔没来赴约,也许他忘了时间,也许他想在办公室加班。

2. Ce n'est pas que... mais (parce que), non (pas) que... mais (parce que)(不是因为……而是因为)

这两个句型表示排除虚假原因,进而肯定真正的原因,其中后者多用于书面语。

- N'allez pas voir cette pièce, **ce n'est pas qu'**elle soit mal jouée, **mais** le texte n'est pas intéressant.
  别去看那场戏,倒不是演得不好,而是因为剧本太没有意思了。
- Je n'irai pas à la soirée demain, **ce n'est pas que** le temps me manque, **mais parce que** je ne veux pas voir madame Lorrain.
  明天的晚会我不去了,不是我没有时间,而是因为我不想见到洛兰夫人。
- Les familles nombreuses sont rares, **non que** les Français n'en aient pas le désir **mais** les conditions de vie dans les grandes villes sont difficiles.
  人口多的家庭很少,不是法国人不想要孩子,而是因为大家庭在大城市的生活太艰难。
- J'aime ce petit village français, **non que** le paysage y soit beau, **mais parce que** la vie y est calme.
  我喜欢这个法国小村庄,并不是因为景色优美,而是因为这里生活安宁。

注意:

1) 在这类句型中,从句必须置于主句之后。

2) non（pas）que... 和 ce n'est pas que... 引导的从句要用虚拟式,而 mais parce que 引导的从句用直陈式。

附:原因方式小结

连词短语	介词短语		其他方式
＋直陈式	＋名词	＋不定式	
parce que puisque comme étant donné que vu que du fait que sous prétexte que du moment que d'autant que d'autant plus que d'autant moins que	à cause de en raison de par suite de grâce à faute de à force de pour par étant donné vu du fait de compte tenu de	faute de à force de pour＋不定式 过去时 sous prétexte de	car en effet tellement tant 分词式 平列句 关系从句
＋虚拟式			
soit que... soit que ce n'est pas que... mais（parce que） non（pas）que... mais（parce que）			

第二节　后果从句

后果从句位于主句之后,表示由主句内容引起的确定的或臆想的后果,根据意义的不同,可使用直陈式、虚拟式和条件式。

一、直陈式后果从句

大部分后果从句表示事实,谓语用直陈式,可由 si... que, tant... que, tellement... que, si bien que, de façon que, de sorte que, de manière que, au point que, à tel point que 等引导。

1. 动词＋tellement / tant... que（如此……以致……）

这个结构用于突出动作的强度,如:

- Les Durant aiment **tellement** / **tant** la mer **qu'**ils passent toutes leurs vacances sur leur bateau.

  杜朗一家太喜欢大海了,他们所有的假期都是在船上度过的。

- Les associations de parents d'élèves ont **tellement** / **tant** protesté qu'elles ont fini par obtenir l'ouverture d'une classe supplémentaire. 家长联合会的抗议很强烈，最终学校决定额外开一个班。

2. si / tellement ＋形容词/副词＋que（如此……以致……）
这个结构用于突出形容词或副词的程度，如：

- Ce gros camion roule **si** / **tellement** vite que je n'arrive pas à le dépasser. 这辆大卡车开得太快，我无法超过。
- Sébastien est **si** / **tellement** distrait qu'il ne sait jamais où il met ses affaires.
塞巴斯蒂安太粗心了，他从来记不得自己把东西放在哪儿了。

注意：si 修饰形容词（或由过去分词转化而来的形容词），而 tant 修饰动词，不可互换，试比较：

- La rivière est **si polluée** qu'on n'y trouve plus de poissons.
这条河被严重污染，河里都没有鱼了。
- L'usine chimique **a tant pollué** la rivière qu'on n'y trouve plus de poissons. 化工厂严重污染了这条河，河里没有鱼了。

3. tant de / tellement de ＋ 名词 ＋ que（如此多……以致……）
这个结构用于突出名词的数量，如：

- Balzac a écrit **tant de** romans **que** peu de gens les ont tous lus.
巴尔扎克的小说太多了，很少有人全都读过。
- Il y a tellement de brouillard que les voitures roulent à 20 km à l'heure. 雾太大了，车子的时速只能开到 20 公里。

注意：在动词短语 avoir peur / envie / besoin / soif 中，要使用 si / tellement，而不能使用 tant de / tellement de，如：

- Il a eu **si** / **tellement** peur qu'il est devenu tout pâle.
他太害怕了，脸色都变得苍白了。

不能说成：

- Il a eu tellement de peur qu'il est devenu tout pâle.（×）

4. un tel / de tel ＋名词＋que（如此……以致……）
这个结构用于突出名词的程度，如：

- Le vent soufflait avec **une telle** violence **qu'**il était dangereux de sortir en mer. 风刮得太猛了，出海很危险。

- La marée noire a causé **de tels** dégâts **qu'**il faudra des années pour nettoyer les plages.

  黑潮严重破坏了沙滩，需要好几年的时间才能清理。

5. si bien que（以致）

- On a laissé la porte de la cage ouverte **si bien que** l'oiseau s'est échappé et que le chat l'a mangé.

  笼子的门没有关上，以至于小鸟逃了出去，被猫吃掉了。

- L'instabilité politique se développe dans ce pays **si bien que** les agences de tourisme ont annulé leurs voyages.

  该国的政局越来越不稳定，以至于旅行社取消了去那里的行程。

6. de (telle) façon que / de (telle) sorte que / de (telle) manière que（因此，以致）

这个短语用于强调行为方式，如：

- Les enfants de ce vieux monsieur s'entendaient bien, **de sorte qu'**il n'y a eu aucun problème d'héritage après sa mort.

  这位老先生的子女相处得很好，因此在他死后没有出现任何遗产继承的问题。

- Cet homme politique s'est exprimé **de telle façon que** même les membres de son parti ont été choqués.

  这个政客的表达方式连他自己的党派成员都觉得意外。

- L'appartement de la dame handicapée est conçu **de telle manière qu'**elle peut y vivre toute seule.

  这个残疾人住所的设计方式让她完全能够独立生活。

7. au point que / à tel point que（以致）

这个短语用于强调程度，如：

- Le vieux château menaçait de s'écrouler **au point qu'**on a été obligé d'en interdire l'accès aux visiteurs.

  这个城堡有坍塌的危险，以至于不得不禁止游客进入。

- Le malade souffrait **à tel point que** le médecin a dû lui faire une injection de morphine.

  这个病人太痛苦了，以至于医生不得不给他注射吗啡。

二、条件式后果从句

有些后果从句表示一种可能，而非事实，谓语用条件式，如：

- Nos interlocuteurs nous ont imposé de telles conditions que nous **refuserions** les pourparlers.
  对方将如此苛刻的条件强加给了我们,我们可能要拒绝谈判。
- Le vent souffle si fort que notre tente s'**écroulerait**.
  风太大了,我们的帐篷可能会吹倒。

三、虚拟式后果从句

有的后果从句是从目的从句转化过来的,谓语用虚拟式;当主句是否定句或疑问句时,从句也用虚拟式。

1. assez... pour que / trop... pour que(足够……而可以,太……而不能)

- Il connaît **assez** la question **pour qu'**on lui **fasse** totalement confiance.
  他对这个问题有足够的了解,我们完全可以信任他。
- Cette tâche est **trop** difficile **pour que** je l'**accomplisse** à merveille.
  这项任务太艰巨了,我不可能出色地完成。

2. si... que / tellement... que / tant... que / tel... que / au point que

当主句是否定句或疑问句时,可用这些短语引导虚拟式从句,表示某种限制,如:

- As-tu **tant de** travail **que** tu n'**aies** pas le temps de manger?
  你工作忙得连吃饭的时间都没有了吗?
- Il ne fait pas un **tel** froid **qu'**il **soit** nécessaire d'allumer le chauffage.
  天还没冷到需要开暖气的地步。

注意:

1) 对于虚拟式后果从句,其主语不能与主句的主语相同,若主语相同,应将从句改为动词不定式的结构,试比较:

不能说:

- J'ai trop de travail **pour que j'aie** le temps de sortir.(×)
  我工作太忙,没有时间出去。

而应该说:

- J'ai trop de travail **pour avoir** le temps de sortir.
  我工作太忙,没有时间出去。

2) 当句子中有两个后果从句时,无论是什么语式,第二个从句都用 que 引导,如:

- Ce journal est vraiment **trop** partial **pour que** je le lise et **que** je puisse le recommander. 这家报纸太偏激了，我不会读，也不会推荐。

附：后果方式小结

连词短语	介词短语	其他方式
＋直陈式		
动词＋tellement / tant...que		
si / tellement＋形容词/副词＋que		
tant de / tellement de＋名词＋que		
un tel / de tel ＋名词＋que		
si bien que		
de（telle）façon que		donc
de（telle）sorte que		alors
de（telle）manière que		par conséquent
au point que		en conséquence
à tel point que	au point de	ainsi
＋虚拟式	assez...pour	aussi
动词＋assez＋pour que	trop...pour	comme ça
动词＋trop＋pour que	assez de...pour	d'où
assez＋形容词/副词＋ pour que	trop de...pour	de là
trop＋形容词/副词＋ pour que		du coup
assez de＋名词＋pour que		c'est pourquoi
trop de＋名词＋pour que		c'est pour cela que
主句是否定句或疑问句＋		c'est pour ça que
si...que		平列句
tellement...que		
tant...que		
tel...que		
au point que		

第三节　目的从句

目的从句用于表达意图、目的、希望等，一般使用虚拟式。

一、表示主句主语的意图或目的，常用 afin que, pour que 等，如：

- Le professeur répète encore une fois **afin que** les étudiants le comprennent bien. 为了让学生更好地明白他的意思，老师又重复了

一遍。
- J'ai laissé ma fenêtre ouverte **pour que** le soleil puisse entrer.
  我开着窗子，好让阳光能够照进来。

二、要强调为达目的而采取的行为方式，常用 de sorte que, de façon (à ce) que, de manière (à ce) que 等，如：

- Le secrétaire range ses dossiers **de façon qu'**on puisse les retrouver facilement. 秘书按顺序排放文件，让人能更方便地查阅。
- L'accès à la bibliothèque municipale a été modifié **de manière à ce que** les handicapés puissent y accéder.
  市图书馆的入口作了改造，以方便残疾人进出。

注意：de sorte que, de façon que, de manière que 也可引导后果从句，应避免混淆。可从语式上判断，后果从句常用直陈式，而目的从句用虚拟式，试比较：

- Le conférencier parlait dans un micro, de sorte que chacun l'**entende** clairement.
  演讲者用了麦克风，为的是让每个人都能听清楚。（目的从句）
- Le conférencier parlait dans un micro, de sorte que chacun l'**entendait** clairement.
  演讲者用了麦克风，因此每个人都能听清楚。（后果从句）

三、表示躲避或摆脱的意图，常用 de peur que, de crainte que, par crainte que, par peur que 等，此时从句的谓语动词前需加上赘词 ne，如：

- Dépêche-toi, **de crainte que** tu **ne** sois en retard. 快一点，别迟到。
- Il la retenait **de peur qu'**elle **ne** s'en aille. 他拉住她，生怕她走。

四、当主句是命令式时，目的从句用 que 引导，如果从句是否定式，可省略 pas，单用 ne 表示，如：

Rapproche-toi, **que** je te voie clair. 靠近些，让我好好看看你。
Marchons plus vite, **que** nous ne manquions le film.
我们走快点，别耽误了看电影。

注意：
1) 目的从句表示设想而非事实，所以谓语要用虚拟式。
2) 当句子中有两个目的从句时，第二个从句要用 que 引导，如：

- J'ai laissé ma voiture chez le garagiste **pour qu'**il vérifie les freins et **qu'**il change les pneus.
  我把汽车放在修理工那里，让他给我检验刹车并换一下轮胎。

附：目的方式小结

连词短语 +虚拟式	介词短语		其他方式
	+名词	+不定式	
pour que afin que que(在命令式后) de sorte que de façon (à ce) que de manière (à ce) que de peur que de crainte que	pour en vue de de peur de de crainte de	pour afin de de façon à de manière à de peur de de crainte de en vue de dans le but de dans l'intention de	虚拟式关系从句

第四节 时间从句

时间从句表示主句与从句在时间上的先后关系，根据时态、语式以及所用连词的不同，所表达的时间关系也不同。

一、直陈式时间从句

当时间从句表述一个事实时，使用直陈式，表示从句动作与主句动作同时发生，或者从句动作发生在主句动作之前。从句可用下列连词或连词短语引导：

1. quand / lorsque(当……时)

这两个连词可以表示从句动作与主句动作同时发生，或发生在主句动作之前。

- **Quand** je me **suis réveillé**, il **était** midi. 我醒来时，已经是中午12点。
- **Lorsque** la banque **aura donné** son accord, vous **pourrez** encaisser le chèque. 银行批准之后，您就可以兑现支票。

2. dès que / aussitôt que / une fois que / à peine... que(一……就)

这几个连词短语强调两个动作在时间上的紧密关系，可以表示从句动作与主句动作几乎同时发生，或者发生在主句动作之前。

- **Aussitôt que** Marie **rentrait** chez elle, elle **écoutait** les méssages sur son répondeur téléphonique. 玛丽一回到家里，就听到电话上的留言。
- **Dès que** j'**aurai trouvé** un travail, je **chercherai** un appartement.
  我一找到工作，就去找房子。
- **Envoyez** la lettre **une fois qu'**elle **aura été signée** par le directeur.
  主任一签完字，您就去把这封信寄出去。
- **J'étais à peine sorti que** la pluie **a commencé** à tomber.
  我一出门就开始下雨了。

注意：在书面语中，如果 à peine 位于句首，从句需主谓倒装，如：

- A peine Nathalie **est-elle rentrée** qu'elle se met à jouer du piano.
  纳塔丽一回家就开始弹钢琴。

3. après que（在……之后）
这个连词短语只能表示从句动作发生在主句动作之前。

- **Viens** chez moi **après que** tu **auras fini** ton travail.
  你工作结束后就来我家。
- Il **remet** tout en place **après que** les invités **sont partis**.
  客人离开后，他把所有东西都放回原位。

注意：

1) 当 quand, lorsque, dès que, aussitôt que, une fois que, après que 等引导时间从句，表示从句动作发生在主句动作之前时，若从句为主动态，则通常使用复合时态，并且比主句先一个时态，请对照下表：

从句	主句
复合过去时	现在时
愈过去时	未完成过去时
先将来时	简单将来时
先过去时	简单过去时
愈复合过去时	复合过去时

2) 上述情况中，从句也可使用被动态，这时从句与主句的时态相同，如：

- Nous **emménagerons** dans notre nouvel appartement **aussitôt que** la cuisine **sera installée**. 厨房一装修好，我们就会搬进新房子。
- **Une fois que** sa décision **a été prise**, elle n'**a** plus jamais **changé** d'avis. 他一旦作出决定，就不会再改变主意。

4. au moment où(当……时)

表示从句动作与主句动作在某个特定的时刻同时发生,如:

- Au théâtre, **au moment où** le rideau **se lève**, le silence **se fait** dans la salle. 剧院里帷幕拉开的时候,全场都安静了下来。
- **Au moment où** je **sortais** de la banque, je **me suis aperçu** que j'avais oublié mon chéquier au guichet.
  走出银行时,我发现自己把支票簿忘在柜台窗口。

5. comme(当……时)

comme 多用于书面语中,与 au moment où 同义,表示从句动作与主句动作在某个特定的时刻同时发生,从句只能使用未完成过去时,并且位于主句之前,如:

- **Comme** la fusée entrait dans la stratosphère, l'un des moteurs **explosa**. 当火箭到达平流层时,其中一个发动机爆炸了。
- **Comme** le cortège **arrivait** à la place de la Concorde, la Garde républicaine **se mit** à jouer *La Marseillaise*.
  当总统一行到达协和广场时,共和国卫队开始演奏《马赛曲》。

6. pendant que(在……期间,当……时)

这个连词短语表示同时性,强调一段时间长度,如:

- **Va** acheter du pain **pendant que** je **fais** la queue à la boucherie.
  我在肉店排队的时候,你去买面包。
- **Pendant que** nous **étions assis** à la terrasse d'un café, nous **avons vu** passer l'acteur Gérard Depardieu.
  我们坐在露天咖啡座的时候,看到演员吉拉尔·德帕迪约经过。

7. alors que / tandis que(而,当……时)

与 pendant que 同义,但有表示对立的意思,如:

- Julie **est arrivée** sans prévenir **alors que** nous **étions** à table.
  朱莉没说一声就过来了,当时我们还在饭桌上。
- **Tandis que** le ministre **parlait** aux députés, on **entendit** des protestations sur les bancs de l'opposition.
  总理跟议员谈话的时候,反对党的席位上响起了抗议声。

8. chaque fois que / toutes les fois que(每当,每次)

表示重复动作或习惯性动作,如:

- **Chaque fois que** je **joue** le Loto et **que** je **perds**, je me **promets** de ne

plus jouer!
我每次买六合彩输钱的时候,都对自己说以后再也不赌了!

- Julien **dînait** avec moi **toutes les fois que** son travail l'**amenait** à Nantes. 于连每次出差来南特都跟我一起吃饭。

9. tant que / aussi longtemps que(只要)

1) 表示同时性,从句与主句使用相同时态,如:

- **Tant que** mon cœur **battra**, je ne te **cèderai** pas.
  只要我还活着,就不会向你低头。

2) 表示从句动作发生在主句动作之前,从句用否定形式,并且比主句先一个时态,如:

- Je ne **partirai** pas tant que tu **n'auras pas répondu** à ma question.
  你不回答我的问题,我就不走。

10. à mesure que / au fur et à mesure que(随着)

表示从句动作与主句动作同步进行,从句与主句使用相同的时态,如:

- **A mesure que** le temps **passe**, les chances **diminuent**.
  随着时间的流逝,希望越来越小。
- **A mesure que** je **fais** des progrès en français, je **me sens** moins étranger en France.
  随着法语水平的提高,我越来越觉得自己在法国不那么陌生了。

11. depuis que(自⋯⋯以来,自从)

表示从某个时间点开始,某种状况一直在持续,如:

- **Depuis qu'**elle **sort** avec Joseph, Alice **est** beaucoup plus souriante.
  自从跟约瑟夫约会以来,阿丽丝变得爱笑多了。
- **Depuis qu'**un restaurant chinois **est ouvert** près de chez nous, nous y **dînons** souvent.
  自从附近开了一家中国餐馆,我们就常常去那儿吃晚饭。

二、虚拟式时间从句

如果时间从句所表述的事情尚未发生,则使用虚拟式,可由以下连词短语引导:

1. avant que(在⋯⋯之前)

- **Annonce**-lui cette bonne nouvelle **avant qu'**il ne **parte**.
  在他走之前,把这个好消息告诉他吧。

- L'écureuil **avait disparu** dans un arbre **avant que** les enfants n'**aient pu le voir**.
  松鼠在孩子们还没有发现它的时候，就已经消失在树上了。

注意：在 avant que 引导的时间从句中，谓语动词前通常加赘词 ne。

2. en attendant que（等待……期间）

- Pascal **a loué** une voiture **en attendant que** la sienne **soit réparée**.
  帕斯卡尔的车正在修理，在此期间他租了一辆车。
- **En attendant que** le dentiste le **reçoive**, Jacques **feuillette** des revues.
  等待牙医接诊的时候，雅克浏览着一些杂志。

3. le temps que（在……期间）

- **Attends**-moi **le temps que** je **mette** cette lettre à la poste.
  等我一下，我去把这封信寄出去。
- Le tunnel sera interdit à la circulation **le temps que** la voiture accidentée **soit** dégagée. 在清理事故车辆期间，这条隧道禁止通行。

4. jusqu'à ce que（直到）

- Ne t'inquiète pas, je **reste** ici **jusqu'à ce que** tu **reviennes**.
  放心吧，我会在这里等你回来。
- Ce réfugié politique **a décidé** de rester en exil **jusqu'à ce que** la liberté de la presse **soit rétablie** dans son pays.
  这个逃亡的政客决定继续流浪，直到他的国家恢复出版自由。

5. d'ici (à ce) que（直到）

这个短语强调从现在到未来某个时刻的一段时间长度，如：

- **D'ici à ce qu'**on **sache** la vérité, il **se passera** beaucoup de temps.
  要知道真相，还需要很长一段时间。
- **D'ici que** ce vieux pont **soit** reconstruit, il **faudra** des années.
  这座老桥重新建好，还需要好几年的时间。

附：时间的表达方式小结

连词短语 ＋直陈式	介词短语		其他方式
	＋名词	＋不定式	
quand / lorsque dès que aussitôt que une fois que à peine… que après que au moment où comme pendant que alors que tandis que chaque fois que toutes les fois que tant que aussi longtemps que à mesure que au fur et à mesure que depuis que	à lors de dès après au moment de pendant au fur et à mesure de depuis avant jusqu'à en attendant d'ici (à)	après＋不定式过去时 au moment de avant de en attendant de le temps de	副动词 现在分词 过去分词 独立分词从句
＋虚拟式			
avant que en attendant que le temps que jusqu'à ce que d'ici (à ce) que			

第五节　让步从句

让步从句表示与主句之间有转折或对立的关系，通常使用虚拟式，也有少数情况下使用直陈式和条件式。

一、直陈式让步从句

1. même si（即使）

- **Même s**i vous **arrivez** tard, n'**hésitez** pas à nous rejoindre.
  即使你们来晚了，也要毫不犹豫地与我们见面。
- **Même si** tout le monde **était** d'accord pour protéger l'environnement, beaucoup de gens ne **respecteraient** pas la règlementation.
  即使大家都赞成保护环境，还是有人会违反规定。

2. sauf que / si ce n'est que(要不是,只是,除了)

- Notre voyage s'est très bien passé, **sauf que** j'**ai oublié** mon portable dans l'hôtel. 我们的旅行很愉快,只是我把手机落在了旅馆里。
- On ne sait rien de la vie privée de cet acteur, **si ce n'est qu'**il **a** deux enfants. 除了知道这个作家有两个孩子;我们对他的私生活一无所知。

3. si(如果说,虽说)

si 常用在书面语中,从句位于主句前,或嵌入主句中,如:

- **Si** la vie dans les grandes villes **attire** les jeunes, elle peut être très dure pour les personnes âgées.
如果说大城市的生活吸引年轻人的话,那么对于老年人来说则太难了。
- Ce médicament, **s'**il **est** très efficace, a des effets secondaires assez désagréables. 这种药虽说很有效,但也有一些令人不适的副作用。

二、条件式让步从句

由 quand bien même 引导的让步从句用条件式,既表示让步,又表示一种假设,主句通常也用条件式。

- **Quand bien même** on lui **offrirait** un travail intéressant à l'étranger, il ne **pourrait** pas partir pour des raisons familiales.
即便有人在国外给他提供一份有趣的工作,由于家庭原因他也不能走。
- **Quand bien même** on l'**aurait repeint**, cet appartement **serait resté** triste. 这套房子即使重新粉刷,基调仍然是阴暗的。

三、虚拟式让步从句

1. 表示平和语气的让步,用 bien que, quoique, malgré que, encore que 等引导,如:

- **Bien que** ce ne **soit** pas sa faute, il a un poids sur la conscience.
虽然不是他的错,但还是感到不安。
- Ce tableau, **quoiqu'**il **soit** signé d'un peintre réputé, ne s'est pas vendu à un prix très élevé.
这幅画尽管有著名画家的署名,但还是没有卖出好价钱。
- **Malgré qu'**il **fasse** froid, Paul va à la piscine comme d'habitude.
尽管天气很冷,保尔还是像往常一样去游泳。

- La mise en scène de cette pièce est excellente, **encore qu'**on **puisse** critiquer la froideur des décors. 这场戏演得很好，尽管布景平淡了一些。

注意：在日常用语中，encore que 引导的从句可用条件式，如：

- Ce n'est pas mal, encore que cela **pourrait** être mieux.
  尽管还可以再好一点，但这样已经不错啦。

2. 表示中等程度的让步，用 que, soit que... soit que 等引导，如：

- Qu'il **pleuve** ou non, j'irai à la campagne demain.
  明天不管下不下雨，我都要去乡下。
- Il n'a jamais pleuré, **soit qu'**on le **réprimandât**, **soit qu'**on le **raillât**.
  不管受到责备还是遭到嘲笑，他从来都没有哭过。

3. 表示意义强烈的让步，用 quel que, qui que, quoi que, où que, quelque... que, si... que, pour... que, tout... que 等引导，如：

- **Quel que soit** ton rôle dans cette affaire, je suis l'aîné.
  我是老大，管你在这件事中起了什么作用。
- **Qui que** vous **soyez**, vous devez respecter le code de la route.
  不管您是谁，都要遵守公路交通规则。
- **Quoi qu'**il **arrive**, il garde son sang-froid. 无论发生什么，他都能保持冷静。
- A Paris, **où qu'**on **aille**, il y a toujours un café!
  在巴黎，不管你走到哪儿，都会找到咖啡馆。
- **Quelque** intelligent **qu'**il **soit**, il n'arrive pas à débrouiller ce mystère. 不管他多聪明，都解不开这个谜。
- **Si** curieux **que** cela **paraisse** pour un Français, il n'aime ni le vin ni le fromage!
  他既不喜欢葡萄酒也不喜欢奶酪，尽管对于一个法国人来说这很奇怪！
- Cet homme politique, **pour** brillant **qu'**il **soit**, n'inspire pas vraiment la confiance. 这个政客尽管很杰出，却无法真正得到人们的信任。
- **Tout** timide **qu'**il **soit**, il a osé protester. 他虽然很腼腆，但敢于提出抗议。

注意：

1) 在 quelque... que 结构中，quelque 可作形容词，后加名词，并需进行配合，如：

- Le lancement d'un satellite, **quelques précautions qu'**on **prenne**, comporte toujours des risques d'échec.

无论做多少预防工作,发射卫星总是有失败的风险。

quelque 也可作副词,后加形容词,如:

- **Quelque difficiles qu'**elles soient à mettre en œuvre, ces réformes sont absolument nécessaires.
  不管多难付诸实施,这些改革绝对都是必要的。

2) 不要混淆 quoique 和 quoi que,试比较:

- J'ai raison **quoique** cela paraisse surprenant.
  尽管这看起来令人感到意外,我还是有道理的。
- J'ai raison **quoi que** vous en pensiez. 不管你怎么认为,我都是有道理的。
- **Quoi que** ce soit, je mange tout. 我什么都吃,不管是什么。

3) 如果一个句子中含有两个让步从句,无论是什么语式,第二个从句都用 que 引导,如:

- **Bien qu'**il soit tard **et qu'**il pleuve, j'irai au cinéma.
  尽管天已经晚了,而且还在下雨,我还是要去看电影。

附:让步方式小结

连词短语		介词短语		其他方式
+虚拟式		+名词	+不定式	
bien que quoique malgré que encore que si / quelque / pour / tout+形容词 +que quel(le)(s)+que+être+名词 quelque(s)+名词+que quoi que où que qui que		malgré en dépit de contrairement à	au lieu de loin de quitte à	mais quand même tout de même seulement en fait pourtant cependant néanmoins toutefois en revanche par contre au contraire tout+副动词
+直陈式				
même si si si ce n'est que sauf que				
+条件式				
quand bien même				

第六节 条件从句

条件从句表示主句所陈述的事情实现的条件,根据不同的情况,可使用直陈式、虚拟式和条件式。

一、直陈式条件从句

直陈式条件从句可由下列连词或连词短语引导:

1. si(如果,要是)

连词 si 引导的条件从句,对主句和从句的时态、语式都有较严格的要求,如下表:

	从句	主句
一般情况	现在时	简单将来时/最近将来时/命令式
	未完成过去时	条件式现在时
	愈过去时	条件式过去时
特殊情况	未完成过去时	条件式过去时
	愈过去时	条件式现在时
	现在时	现在时/将来时/命令式
	复合过去时	

- **Si** j'**ai** le temps, je **passerai** chez toi ce soir.
  我如果有时间,今晚就去你家。
- **Si** vous **êtes** fatigué, **reposez-vous** un moment.
  如果您累了,就休息一会儿。
- **S'il neigeait** la semaine prochaine, nous **pourrions** faire du ski à Noël.
  如果下星期下雪,我们圣诞节就可以滑雪了。
- **Si** tu m'**avais téléphoné**, je **serais allé** te chercher à la gare.
  当初你要是给我打个电话,我肯定会去车站接你。
- **Si** je **parlais** allemand, j'**aurais pu** aider ce touriste hier.
  我要是会说德语,昨天就能帮助那个游客了。
- Ta plaisanterie m'**amuserait** si je ne l'**avais** pas **entendue** vingt fois!
  这个笑话我要不是听了无数遍,肯定会被你逗乐的!(法语中 20 遍表示次数很多)。
- Habituellement, s'il **pleut**, nous **jouons** aux cartes.
  通常,如果下雨,我们就打牌。
- Si vous **avez** déjà **eu** cette maladie, vous **êtes** maintenant immunisé.

要是您得过这种病，那您现在就免疫了。
- Si tu **as fini** ton travail, **va** au café avec nous. 要是你已经完成工作，就跟我们去咖啡馆吧。

注意：当 si 引导两个并列的条件从句时，如果第二个 si 用连词 que 代替，那么第二个条件从句的谓语要用虚拟式，如：

- S'il fait beau et que je **sois** libre, j'irai au cinéma demain.
如果明天天气好，而且我又有空的话，我就去看电影。

2. dans la mesure où(在……程度上，如果)

这个短语引导的条件从句与比例相关，如：

- Les gens utilisent moins leur voiture **dans la mesure où** on **améliorera** les transports en commun.
如果公共交通设施得以改善，私家车就会更少。
- **Dans la mesure où** on en **boit** peu, l'alcool n'est pas dangereux.
烧酒如果少喝点，是不会有危险的。

二、虚拟式条件从句

1. à condition que(只有)

这个短语引导的条件从句表示必要条件，如：

- Ce joueur de football participera à ce match **à condition que** sa blessure au genou **soit** guérie.
只有当膝盖上的伤好了之后，这个足球运动员才能参加比赛。
- Vous pouvez conduire dans ce pays **à condition que** vous **preniez** une assurance spéciale. 您只有买过特殊的保险，才能在这个国家开车。

2. pourvu que(只要)

这个短语引导的条件从句表示充分条件，如：

- Je te permets de regarder la télévison, **pourvu que** tu **finisses** ton devoir avant 8 heures. 我允许你看电视，只要你在8点之前做完功课。
- **Pourvu qu'**il **ait** son ours en peluche, mon fils s'endort facilement.
我儿子只要抱着他的狗熊玩具，就能很容易入睡。

3. à moins que(除非)

这个短语引导的条件从句表示限制，如：

- Rentrons à pied **à moins que** tu ne **sois** fatigué!

如果你不累，我们步行回家吧！

- Il va sûrement arriver **à moins qu'**il n'**ait oublié** le rendez-vous.
  他一定会来的，除非他忘了这个约会。

注意：à moins que 引导的条件从句，谓语动词前常常加赘词 ne。

4. pour peu que（只要稍微）

这个短语引导的条件从句表示极小的充分条件，如：

- Cette rue est bruyante. **Pour peu qu'**on **laisse** une fenêtre ouverte dans le salon, on ne s'entend plus parler.
  这条街很吵。客厅里只要稍微开一点窗户，就连说话都听不清了。
- **Pour peu que** j'**aie** cinq minutes de retard, ma mère s'inquiète.
  我只要稍微晚回家五分钟，我母亲就会担心。

5. en admettant que / en supposant que / en cas que（假定，姑且认为）

这个短语引导的条件从句表示不大可能会出现的情况，如：

- **En admettant que** nous **travaillions** jour et nuit, je doute qu'il soit possible de finir ce projet en temps voulu.
  假定我们夜以继日地工作，我怀疑我们也不可能在指定的时间内完成这项计划。
- **En supposant que** je **puisse** prendre le train de midi, je pourrai assister à la réunion à 16 heures.
  假如我能够乘上中午 12 点的火车，我就能参加下午 4 点的会议。

注意：如果一个句子中含有两个虚拟式条件从句，则第二个从句用 que 引导，如：

- L'éditeur acceptera mon roman **à condition que** je fasse quelques coupures **et que** je change le titre.
  出版商将接受我的小说，条件是我必须做些删节并换一个题目。

三、条件式条件从句

由 au/dans le/pour le cas où 引导的条件从句，要用条件式，表示可能性。

- **Au cas où** les manifestants **iraient** vers l'Élysée, la police a bloqué la rue. 警察封锁了道路，以防游行者到爱丽舍宫那边去。
- **Au cas où** tu **voudrais** passer le week-end avec nous, voici l'adresse de notre maison de campagne.
  这是我们在乡下的地址，万一你想跟我们一起共度周末。

注意:

1) 这种情况下,主句也常常用条件式,如:

- Au cas où la veste ne plairait pas à votre mère, nous vous l'**échangerions**. 万一您母亲不喜欢这件上衣,我们可以给您换一件。

2) en cas que 引导的条件从句用虚拟式,试比较:

- **Au cas où** il ne **viendrait** pas, appelez-le au téléphone.
  万一他不来,您就打电话给他。
- **En cas qu'**il ne **vienne** pas, appelez-le au téléphone.
  万一他不来,您就打电话给他。

附:小结条件的表达方式

连词短语 ＋直陈式	介词短语		其他方式
	＋名词	＋不定式	
si dans la mesure où			
＋虚拟式			
à condition que pourvu que à moins que pour peu que en admettant que en supposant que en cas que	avec sans à moins de en cas de	à condition de à moins de	sinon 副动词 分词或形容词 平列句
＋条件式			
au / dans le / pour le cas où			

第七节 比较从句

比较从句用来与主句作比较,以示两者的相同或不同。

一、表示等同、一致的比较关系,用 comme, comme si, ainsi que, de même que, aussi... que, autant... que 等引导,如:

- **Comme** je vous l'ai déjà dit, je ne pourrai pas assister à votre conférence. 正如我跟您说的那样,我不能来参加你们的会议。
- Il me regardait en souriant, **comme s'**il ne **s'était** rien **passé**.
  他面带微笑看着我,好像什么事都没发生一样。

（**注意**：comme si 引导的从句用未完成过去时表示现在，用愈过去时表示过去，而 comme 则不同。）

- Paul s'asseoit toujours dans le sofa, **comme s'**il était très fatigué. 保尔一直坐在沙发上，好像他很累一样。
- A 80 ans, il se levait à 6 heures du matin, **ainsi qu'**il l'avait toujours fait. 他80岁高龄了，早上6点就起床，多年来如一日。
- Il n'a pas **autant de** qualités **que** tu le dis. 他并不像你说的那样好。

二、表示与主句不一致的比较关系，用 plus... que, moins... que, meilleur que, mieux que, pire que 等引导，如：

- Les conséquences de cet événement sont **plus** graves **qu'**on ne le croyait. 这件事的后果比人们想象的更为严重。
- Il n'écrit pas **mieux qu'**il ne parle. 他写的并不比说的好。
- Ce documentaire est **moins** intéressant **que** je ne le pensais. 这部纪录片不如我想象得那么有意思。

三、表示按比例变化的比较关系，用 plus... plus, moins... moins, plus... moins, moins... plus, autant... autant, d'autant plus... que, d'autant moins... que, à proportion que, dans la mesure où 等引导，如：

- **Plus** je lis des romans de Balzac, **plus** j'admire son talent. 我越读巴尔扎克的小说，就越惊叹于他的才华。
- **Plus** elle se maquille, **moins** elle paraît naturelle. 她越化妆越显得不自然。
- **Autant** j'ai aimé ce livre, **autant** j'ai été déçu par son adaptation au cinéma. 我对这本书有多么喜爱，对改编成的电影就有多么失望。
- On parle **d'autant mieux** une langue étrangère **qu'**on reste plus longtemps dans le pays. 你待在外国的时间越长，外语就说得越好。
- Votre voyage coûtera **d'autant moins** cher **que** vous réserverez vos places plus tôt. 你们越早订位子，旅行的花费就越少。
- La chaleur s'accroît **à proportion qu'**on s'approche de l'équateur. 越靠近赤道，气候就越炎热。
- Les immigrés s'intègrent mieux **dans la mesure où** ils parlent la langue du pays d'accueil. 移民如果能说好这个国家的语言，就能更好地融入那里的生活。

四、表示倾向、衬托、纠正的比较关系，用 plutôt que 引导，而且常常加赘词 ne，如：

- Il déclame **plutôt qu'**il ne chante.
  与其说他在唱歌，倒不如说他在朗诵。
- Il court **plutôt qu'**il ne marche. 与其说他在走，倒不如说他在跑。

注意：1) 比较从句一般用直陈式，表示可能发生的或假想的事情的时候，可以用条件式，如：

- Face aux caméras, il était plus courageux qu'il **aurait dû**.
  面对摄像镜头，他比原本想象的更有勇气。

2) plus... que, moins... que, plutôt que 等引导的比较从句常在谓语动词前加赘词 ne。

附：比较方式小结

连词短语	比较级和最高级	其他结构
comme comme si ainsi que aussi bien que de même que plutôt que d'autant moins... que d'autant plus... que à proportion que dans la mesure où	plus / aussi / moins＋形容词/副词＋que plus / autant / moins＋de＋名词＋que 动词＋plus / autant / moins＋que de plus en plus de moins en moins le / la / les＋plus / moins＋形容词 le＋plus / moins＋副词 动词＋le plus / le moins le plus de / le moins de＋名词	plus... plus moins... moins plus... moins moins... plus autant... autant le même / la même / les mêmes＋que un(e) autre... que d'autres... que tel(le)(s) (que) tel(le)(s)... tel(le)(s)

第八节 绝对分词从句

绝对分词从句也是副词性从句的一种。它与其他类型的副词性从句不同，不用连词或连词短语引导，而是直接使用分词形式，并且有独立的主语。根据功能和意义的不同，可以表示原因、时间、让步、条件等。

一、绝对分词从句的构成

绝对分词从句由主语加上现在分词、过去分词或复合过去分词构成，通常置于主句前面。

1. 主语＋现在分词，表示正在进行的主动态

- **La neige** n'**arrêtant** pas de tomber au début de l'année 2008，la circulation était très difficile dans la Chine du sud.
  2008年年初雪下个不停，中国南方交通出现了问题。
- **Tous les hôtels** du centre-ville **affichant** complet，nous avons dû en chercher un à la périphérie.
  市中心所有的旅馆都客满了，我们只好去市郊找一家。

2. 主语＋复合过去分词，表示已经完成的主动态

- **L'usine ayant été fermée** après la crise financière，plus de cent personnes sont au chômage.
  金融危机后，工厂关门了，一百多个人失业了。
- **Louis ayant obtenu** la mention Très Bien au baccalauréat，son père lui a offert un nouvel ordinateur.
  路易在中学毕业会考中取得了优秀的成绩，他父亲送了他一台新电脑。

3. 主语＋过去分词，表示已经完成的主动态或被动态

- **Le chat parti**，les souris dansent. 猫一走，耗子就出来乱跑。
- **L'enfant trouvé**，la mère pleura de joie.
  孩子找到后，母亲高兴得哭了。

二、绝对分词从句的作用

1. 表示原因

- **L'autobus** ne **venant** pas，on décida d'y aller à pied.
  公共汽车没有来，我们决定步行去。
- **Toutes les indications étant** fausses，nous nous perdîmes.
  所有的迹象都是假的，我们迷茫了。

2. 表示时间

- **Les repas servis**，les convives mangèrent avec appétit.
  菜上桌了，客人们津津有味地吃了起来。
- **Les grilles s'ouvrant**，les clients se précipitent dans le magasin.
  栅栏门一打开，顾客就急急忙忙地涌进了商场。

3. 表示让步

- **Son mal empirant**, elle espérait encore.
  虽然她的病情恶化了，但她还是怀着希望。
- **Le voleur arrêté** par la police, Julie n'a pourtant pas retrouvé son portefeuille. 小偷被警察抓了，但朱丽还是没有找回她的钱包。

4. 表示条件

- **Un deuxième puits creusé**, ce village africain aurait suffisamment d'eau. 只要挖了第二口井，这个非洲村庄的水就够吃了。
- **La voiture de Peugeot dépannée**, on pourrait reprendre la route.
  只要标致牌汽车一修好，我们就可以继续赶路。

注意：不要混淆绝对分词从句与同位分词，同位分词与主句合用一个主语，没有独立的主语，不属于从句的范畴，试比较：

- **Faisant** le malade, le petit garçon eut la permission de rester à la maison.（同位分词）小男孩假装生病，得到了留在家里的许可。
- **Le petit garçon faisant** le malade, son père lui permit de rester à la maison.（绝对分词从句）小男孩假装生病，父亲允许他留在家里。

第六章 直接引语和间接引语

引用、转述别人或自己说的话有三种方式：直接引语，即一字不差地引用原话；间接引语，即用自己的口气加以转述；自由间接引语，即没有主句的间接引语。

第一节 直接引语、间接引语与自由间接引语

一、直接引语

直接引语在内容与形式上都是原话的再现，通常加上引号或破折号。引导直接引语的动词可放在句首、句中或句末。

- La mère **a dit** aux enfants：« Je vais vous lire une histoire. »
  母亲对孩子们说："我给你们读个故事。"
- «Je voudrais, **dit** l'homme, envoyer un paquet à Marseille. »
  "我想，"男人说，"寄个包裹到马赛。"
- —Je suis très fière du César que j'ai reçu hier, **a déclaré** Chloé Dubois. "昨天获得了凯撒奖，我很自豪。"克罗伊·杜布瓦声称。

注意：当引导直接引语的动词放在句中或句末时，主谓倒装。

二、间接引语

间接引语是原话的转述，事实上是一个名词性从句，人称、时态、语式以及表示时间和地点的词等均需与主句配合，试与上文比较：

- La mère a dit aux enfants **qu'elle allait leur** lire une histoire.
  母亲对孩子们说，她将给他们读一个故事。
- L'homme dit **qu'il voudrait** envoyer un paquet à Marseille.
  男人说他想把一个包裹寄到马赛去。
- Chloé Dubois a déclaré **qu'elle était** très fière du César **qu'elle avait reçu la veille.**
  克罗伊·杜布瓦声称，前一天获得的凯撒奖令她很自豪。

又如：

- Il me demande **ce qui** se passe.
  他问我发生什么了。(qu'est-ce qui ⇒ ce qui)
- J'aime **ce que** tu manges.
  我喜欢你吃的东西。(qu'est-ce que ⇒ ce que)
- Sa mère veut savoir **si** tu es parti.
  他妈妈想知道你是否走了。(est-ce que ⇒ si)
- Le 8 août 2008, il a participé aux Jeux olympiques de Pékin, et il est retourné dans son pays **le lendemain**.
  2008年8月8日,他参加了北京奥运会,第二天他回国了。(demain ⇒ le lendemain)
- Je lui ai dit que j'étais encore **là**. 我告诉他,我还在那里。(ici ⇒ là)

三、自由间接引语

自由间接引语也是原话的转述,在人称、时态、语式、时间词上与间接引语相同,在标点符号和感叹词上与直接引语相同,但省略了主句和一些插入句,也不加引号和破折号,句子简洁灵活,语气生动,能够更好地表达情感,常见于文学作品的语言中,试比较:

- Elle le regarda et lui dit:«Oui, je t'ai aimé, beaucoup aimé. Ah, comme j'étais naïve! Mais tu étais follement jaloux et tu m'as privée de ma liberté. Dès aujourd'hui, je veux commencer une nouvelle vie.»
  (直接引语)她看着他,对他说:"是的,我曾经爱过你,非常爱你。啊,我多天真啊!而你却疯狂地嫉妒,剥夺了我的自由。从今天起,我要开始新的生活。"
- Elle le regarda et lui dit qu'elle l'avait beaucoup aimé. Elle reconnut qu'elle était bien naïve. Elle lui expliqua qu'il était follement jaloux et qu'il l'avait privée de sa liberté. Elle ajouta que dès ce jour-là elle voulait commencer une nouvelle vie.
  (间接引语)她看着他,对他说曾经非常爱他。她意识到自己很天真。她解释道,他疯狂地嫉妒,剥夺了她的自由。从这一天起,她要开始新的生活。
- Elle le regarda. Oui, elle l'avait aimé, beaucoup aimé. Ah, comme elle était naïve! Mais il était follement jaloux et il l'avait privée de sa liberté. Dès ce jour-là elle voulait commencer une nouvelle vie.
  (自由间接引语)她看着他。是的,她曾经爱过他,非常爱他。啊,她多天真啊!而他却疯狂地嫉妒,剥夺了她的自由。从今天起,她要开始新的生活。

第二节　直接引语转换为间接引语

直接引语转换为间接引语需注意以下几方面的变化：
- 直接引语转变为名词性从句，由从属连词 que 或其他连词引导；
- 取消直接引语的冒号和引号；
- 人称代词和主有形容词的人称转换；
- 时态和语式的转换；
- 时间词的转换；
- 地点词的转换。

其中难点在于时态、语式和时间词的转换。

一、时态和语式的转换

1. 当直接引语是直陈式时

1) 如果引导直接引语的动词是现在时或将来时，则间接引语的时态无变化。

- Il me dit：«Je n'**ai** pas bien **noté** ce que vous venez d'expliquer.»
  他对我说："我没有注意您刚刚所作的解释。"
  ⇒ Il me dit qu'il n'**a** pas bien **noté** ce que je viens d'expliquer.
  他对我说，他没怎么注意我刚刚所作的解释。
- Si l'on m'interroge, je dirai：«Je ne **suis** pas au courant de cette affaire.»如果有人问我，我就说："我不知道这件事。"
  ⇒ Si on m'interroge, je dirai que je ne **suis** pas au courant de cette affaire. 如果有人问我，我就说我不知道这件事。

2) 如果引导直接引语的动词是过去时（复合过去时、简单过去时、未完成过去时或愈过去时），则间接引语按照以下规则作时态变化：

直接引语		间接引语
现在时	⇒	未完成过去时
复合过去时	⇒	愈过去时
简单将来时	⇒	过去将来时
先将来时	⇒	过去先将来时
最近将来时	⇒	aller 的未完成过去时＋不定式
最近过去时	⇒	venir 的未完成过去时＋de＋不定式
未完成过去时	⇒	未完成过去时
愈过去时	⇒	愈过去时

试比较：

- Marie dit
玛丽说
  - qu'elle **a rencontré** l'homme de sa vie.
她遇到了平生最爱的男人。
  - qu'elle **vient de** se fiancer. 她刚刚订婚。
  - qu'elle **va** se marier. 她要结婚了。
  - qu'elle **se mariera** quand elle **aura terminé** ses études, mais qu'elle n'**est** pas pressée. 她毕业后结婚，但她不着急。

- Marie a dit
玛丽说
  - qu'elle **avait rencontré** l'homme de sa vie.
她遇到了平生最爱的男人。
  - qu'elle **venait de** se fiancer. 她刚刚订婚。
  - qu'elle **allait** se marier. 她要结婚了。
  - qu'elle **se marierait** quand elle **aurait terminé** ses études, mais qu'elle n'**était** pas pressée. 她毕业后会结婚，但她不着急。

2. 当直接引语是虚拟式或条件式时，时态无变化。

- Elle m'a dit：« Il faut que tu **ailles** à la poste pour signaler ton changement d'adresse. »她对我说："你应该去邮局更改地址。"
⇒ Elle m'a dit qu'il fallait que j'**aille** à la poste pour signaler mon changement d'adresse. 她对我说，我应该去邮局更改地址。

- Elle m'a dit：«Il **faudrait** repeindre la chambre des enfants. »
她跟我说："应该把孩子们的房间重新粉刷一下。"
⇒ Elle m'a dit qu'il **faudrait** repeindre la chambre des enfants.
她跟我说，应该把孩子们的房间重新粉刷一下。

3. 当直接引语是命令式时，将命令式转换为"de＋不定式"的结构，如：

- Il a répété aux élèves：« **Arrivez** à l'heure le jour de l'examen! »
他对学生们重复强调："考试那天要准时到场！"
⇒ Il a répété aux élèves **d'arriver** à l'heure le jour de l'examen.
他对学生们重复强调，考试那天要准时到场。

- Le médecin m'a conseillé：« **Ne consommez pas** d'alcool pendant la durée du traitement! »医生告诫我："治疗期间不要喝酒！"
⇒ Le médecin m'a conseillé **de ne pas consommer** d'alcool pendant la durée du traitement. 医生告诫我治疗期间不要喝酒。

二、时间词的转换

如果引导直接引语的动词是过去时（复合过去时、简单过去时、未完成过去时或愈过去时），则当直接引语转换为间接引语时，其中的时间词也要作相应的变化，具体见下表：

直接引语		间接引语
aujourd'hui	⇒	ce jour-là
ce matin	⇒	ce matin-là
ce soir	⇒	ce soir-là
en ce moment	⇒	à ce moment-là
ce mois-ci	⇒	ce mois-là
hier	⇒	la veille
hier soir	⇒	la veille au soir
avant-hier	⇒	l'avant-veille
dimanche prochain	⇒	le dimanche suivant
dimanche dernier	⇒	le dimanche précédent
il y a trois jous	⇒	trois jous plus tôt/ avant
demain (matin, soir)	⇒	le lendemain (matin, soir)
après-demain	⇒	le surlendemain
dans trois jours	⇒	trois jours plus tard/ après

试比较：

- Le gardien m'a dit：«La piscine est fermée pour travaux **jusqu'à demain**.» 管理员告诉我："由于施工，游泳馆关闭至明天。"

  ⇒ Le gardien m'a dit que la piscine était fermée pour travaux **jusqu'au lendemain**. 管理员告诉我，由于施工，游泳馆关闭至第二天。

- Nos voisins nous avaient prévenus：«Nous recevrons des amis **samedi prochain** et nous ferons probablement du bruit.»
  邻居事先跟我们打了招呼："下星期六我们家有朋友要来，可能会有点吵。"

- Nos voisins nous avaient prévenus qu'ils recevraient des amis **le samedi suivant** et qu'ils feraient probablement du bruit.
  邻居事先跟我们打招呼，下星期六他们家有朋友要来，可能会有点吵。

注意：如果引导直接引语的动词是过去时，则当直接引语转换为间接引语时，地点副词 ici 也要转换为 là，如：

- Les Legrand m'ont dit：«Nous habitons **ici** depuis vingt ans.»
  勒格朗一家告诉我："我们在这儿住了20年了。"

  ⇒ Les Legrand m'ont dit qu'ils habitaient **là** depuis vingt ans.
  勒格朗一家告诉我，他们在那儿住了20年了。

第三节 直接问语转换为间接问语

某些直接引语是疑问句(一般疑问句或特殊疑问句)的形式,这类疑问句转换为间接引语(即间接问句)时需注意以下几个方面:
- 直接问句转换为名词性从句,由疑问词或 si 引导;
- 取消直接问句中的问号;
- 转换直接引语中的人称、时态、语式、时间词,规则与第二节相同。

一、一般疑问句转换为间接问句

如果直接引语是一般疑问句,则转换为间接问句时,从句用 si 引导,表示"是否"之意,如:

- Elle m'a demandé:«**Est-ce que** vous connaissez les chansons de Barbara?» 她问我:"您知道芭芭拉的歌吗?"
  ⇒ Elle m'a demandé **si** je connaissais les chansons de Barbara.
  她问我是否知道芭芭拉的歌。
- Il faisait chaud dans la pièce et un des employés a demandé:«**Puis-je** ouvrir la fenêtre qui est près de mon bureau?»
  房间里很热,其中一个职员问道:"我可以把我办公桌旁边的窗户打开吗?"
  ⇒ Il faisait chaud dans la pièce et un des employés a demandé **s'il pouvait** ouvrir la fenêtre qui était près de son bureau.
  房间里很热,其中一个职员问,他是否可以把他办公桌旁边的窗户打开。

二、特殊疑问句转换为间接问句

1. 由疑问副词 où, quand, comment, pourquoi, combien 等引导的特殊疑问句,转换为间接问句时仍然由这些词引导,如:

- Il m'a demandé:«**Comment** t'appelles-tu?»
  他问我:"你叫什么名字?"
  ⇒ Il m'a demandé **comment** je m'appelais. 他问我叫什么名字。
- Elle leur demande:«**Pourquoi** riez-vous?» 她问他们:"你们笑什么?"
  ⇒ Elle leur demande **pouquoi** ils rient. 她问他们在笑什么。

2. 由疑问形容词 quel 和疑问代词 lequel 等引导的特殊疑问句,转换为间接问句时仍然由这些词引导,如:

- Il m'a demandé：«**Quelle** heure est-il?» 他问我:"几点啦?"
  ⇒ Il m'a demandé **quelle** heure il était. 他问我几点了。
- Je lui ai demandé：«**Lequel** de ces lave-vaisselle est le moins bruyant?» 我问他:"这些洗碗机中,哪一种声音最小?"
  ⇒ Je lui ai demandé **lequel** de ces lave-vaisselle était le moins bruyant. 我问他,这些洗碗机中哪一种声音最小。

3. 由疑问代词 qui，que，quoi 引导的特殊疑问句,转换为间接问句时按下列规则变化:

	直接问句		间接问句
表示人	qui / qui est—ce qui	⇒	qui
	qui / qui est—ce que	⇒	qui
	介词 + qui	⇒	介词 + qui
表示物	que / qu'est—ce qui	⇒	ce qui
	que / qu'est—ce que	⇒	ce que
	介词 + quoi	⇒	介词 + quoi

试比较：

- Il a demandé：«**Qui** veut venir avec moi?»
  他问道:"谁愿意跟我一起去吗?"
  ⇒ Il a demandé **qui** voulait venir avec lui. 他问谁愿意跟他一起去。
- Elle m'a demandé：«**Qui est-ce que** tu invites à dîner?»
  她问我:"你请谁吃晚饭?"
  ⇒ Elle m'a demandé **qui** j'invitais à dîner. 她问我请谁吃晚饭。
- A l'agence de voyage, on m'a demandé：«**Avec qu**i voyagez-vous?»
  旅行社的人问我:"您跟谁一起旅行呢?"
  ⇒ A l'agence de voyage, on m'a demandé **avec qui** je voyageais.
  旅行社的人问我跟谁一起旅行。
- Tout le monde se demande：«**Qu'est-ce qui** se passe?»
  大家都在寻思:"出了什么事?"
  ⇒ Tout le monde se demande **ce qui** se passe.
  大家都在寻思出了什么事。
- Il m'a demandé：«**Qu'est-ce que** tu lis?» 他问我:"你看什么书?"
  ⇒ Il m'a demandé **ce que** je lisais. 他问我看什么书。
- Elle lui a demandé：«**A quoi** votre fils s'intéresse-t-il?»
  她问他:"您儿子对什么感兴趣?"

Elle lui a demandé **à quoi** s'intéressait son fils.
她问他,他的儿子对什么感兴趣。

注意:在间接问句中,当主语是名词,并且谓语动词没有宾语时,常进行主谓倒装,如:

- Il m'a demandé:«Comment vont vos parents?»
  他问我:"您父母身体怎么样?"
  ⇒ Il m'a demandé comment **allaient mes parents.**
  他问我,我的父母身体怎么样。

情景礼仪法语

本书着眼情景礼仪的方方面面,分十八个专题展开,每个专题独立成篇,分为若干章节,每个章节包括常识、情景语句、词汇、对话、原始材料五项内容。

包括主编在内的本书大部分编者都有在国外工作和学习的经历,很多场合都是他们亲身经历的再现,因而本书的实用性很强。介绍了在法国生活、工作、学习时不同场景应掌握的常用语,例如做客就餐、签证面试、求医问药、商务谈判等等。常识部分还提供有用的生活信息,如夜间买药该怎么办,遇到紧急情况时如何求救,等等,非常实用。对于在法国工作、学习和生活的中国人来说,可谓是一本全面的指导手册。

ISBN 978-7-301-15995-8/H·2348
定价:46.00 元
出版日期:2009 年 10 月
主编:黄新成
版别:北京大学出版社

北京大学 出版社

北京市海淀区成府路 205 号
北京大学出版社外语编辑部
邮政编码:100871
电子邮箱:alice1979pku@163.com
邮购部电话:010-62752015
市场营销部电话:010-62750672
外语编辑部电话:010-62767347 010-62765014

《新编法语教程》(上、下册)

　　《新编法语教程》(上、下册)是根据《大学法语(第二外语)教学大纲》的原则,借鉴当代法语教学的最新成果,并结合第二外语教学的经验而编写的。

　　本教程选材广泛新颖,贴近现实,贴近生活,适当结合中国国情,使学生有身临其境的感觉,在极其自然的语境中学习法语。为丰富学生的表达手段,特别安排"常用表达法"专栏,内容均属生活中经常使用的词、句和套语。练习形式多样、内容丰富、实用新颖、举一反三,使学生加深对语法以及基本词汇的熟练运用。

　　《新编法语教程》(上、下册)是北京市高等教育自学考试日语专业二外法语的指定教材,同时可作为高等院校非法语专业本科生、研究生的第二外语或公共法语的教材使用。

| 新编法语教程(上册) | 陈伯祥 编著 | 12973-9 | 39.00 元(配MP3) | 2009 |
| 新编法语教程(下册) | 陈伯祥 编著 | 15394-2 | 37.00 元(配MP3) | 2009 |

北京大学 出版社

北京市海淀区成府路 205 号
北京大学出版社外语编辑部
邮政编码:100871
电子邮箱:alice1979pku@163.com

邮购部电话:010-62752015
市场营销部电话:010-62750672
外语编辑部电话:010-62767347　010-62765014

21世纪法语系列教材

《法汉翻译新教程》 (普通高等教育"十一五"国家级规划教材)	马彦华　罗顺江	12218-1	45.00元	2008
《20世纪法国文学》 (普通高等教育"十一五"国家级规划教材)	李志清 (法)卡里纳·特雷维桑	10561-0	39.00元	2007
《汉法翻译教程》 (普通高等教育"十一五"国家级规划教材)	罗顺江　马彦华	09601-1	29.80元	2007
法国国情阅读(中级)	刘成富　黄小彦	11634-0	32.00元	2007
法国国情阅读(高级)	任友谅	09346-2	32.00元	2007
高年级法语语法教程	李树芬	11540-4	18.00元	2007

北京大学 出版社

北京市海淀区成府路205号
北京大学出版社外语编辑部
邮政编码：100871
电子邮箱：alice1979pku@163.com

邮购部电话：010-62752015
市场营销部电话：010-62750672
外语编辑部电话：010-62767347　010-62765014